골리앗을 이기는 19가지 습관
믿음연습

FACING YOUR GIANTS
by Max Lucado

Revised Edition Copyright ⓒ 2006 by Max Lucado
Originally published in the U.S.A. under the title : Facing Your Giants
by Thomas Nelson, P.O.Box 141000, Nashville, TN 37214-1000

Korean Traslation Copyright ⓒ 2007 by Duranno Press
95 Seobinggo-Dong, Yongsan-Gu, Seoul, Korea

본 저작물의 한국어판 저작권은 Thomas Nelson사와 독점 계약한 두란노서원이 소유합니다.
저작권법에 의거하여 한국 내에서 보호를 받는 저작물이므로 무단 전재와 무단 복제를 금합니다.

믿음연습

지은이ㅣ 맥스 루케이도
옮긴이ㅣ 최종훈
초판발행ㅣ 2007. 9. 13.
24쇄 발행ㅣ 2024. 9. 13
등록번호ㅣ 제3-203호
등록된 곳ㅣ 서울시 용산구 서빙고동 95번지
발행처ㅣ 사단법인 두란노서원
영업부ㅣ 2078-3333 FAX 080-749-3705
출판부ㅣ 2078-3444

■책값은 뒤표지에 있습니다.
ISBN 89-531-0876-9 03230

■독자의 의견을 기다립니다.
tpress@duranno.com http://www.duranno.com

두란노서원은 바울 사도가 3차 전도 여행 때 에베소에서 성령 받은 제자들을 따로 세워 하나님의 말씀으로 양육하던 장소입니다. 사도행전19장 8-20절의 정신에 따라 첫째 목회자를 돕는 사역과 평신도를 훈련시키는 사역, 둘째 세계선교(TIM)와 문서선교(단행본·잡지) 사역, 셋째 예수문화와 경배와 찬양사역, 그리고 가정·상담 사역 등을 감당하고 있습니다. 1980년 12월 22에 창립된 두란노서원은 주님 오실 때까지 이 사역들을 계속할 것입니다.

골리앗을 이기는 19가지 습관
믿음연습

맥스 루케이도 지음 | 최종훈 옮김

두란노

차례

Facing Your Giants

1단계 » 물러서지 말라
믿음은 그럼에도 불구하고 맞서는 것이다

믿음연습 01 _ 초점과 방향을 확인한다	8
믿음연습 02 _ 능력을 키우기 전에 태도를 갖춘다	22
믿음연습 03 _ 진실한 친구와 힘을 합한다	34
믿음연습 04 _ 영적 에너지를 충전한다	46

2단계 » 문제를 즐기라
믿음은 벼랑 끝에서도 노래하는 것이다

믿음연습 05 _ 힘들수록 하나님의 품을 파고든다	60
믿음연습 06 _ 용서하고 전진한다	74
믿음연습 07 _ 마음의 분노를 해독한다	88
믿음연습 08 _ 1퍼센트 더 노력한다	102

3단계 » 성령을 따라가라
믿음은 사람 대신 말씀을 좇는 것이다

믿음연습 09 _ 감사함으로 쉼을 누린다 118
믿음연습 10 _ 아픔은 확실하게 치유한다 128
믿음연습 11 _ 작은 일도 구한다 140
믿음연습 12 _ 가능성의 창을 열어 둔다 156

4단계 » 선택하고 집중하라
믿음은 삶의 수준을 높인다

믿음연습 13 _ 모든 상황에서 예배를 택한다 172
믿음연습 14 _ 사랑은 성실하게 표현한다 186
믿음연습 15 _ 낮은 자리를 찾아 움직인다 202
믿음연습 16 _ 회개의 타이밍을 놓치지 않는다 212

5단계 » 결단하고 실천하라
믿음은 하나님의 성공을 낳는다

믿음연습 17 _ 믿음연습은 가정에서 시작한다 226
믿음연습 18 _ 인생의 반전을 기대한다 240
믿음연습 19 _ 골리앗을 향해 물맷돌을 던진다 250

| 맺는글 | 믿음이 모든 것을 이긴다
| 주 |

믿음이 없이는 기쁘시게 못하나니
하나님께 나아가는 자는 반드시 그가 계신 것과
또한 그가 자기를 찾는 자들에게
상 주시는 이심을 믿어야 할찌니라

* * *

And without faith it is impossible to please God,
because anyone who comes to him must
believe that he exists and that he rewards those
who earnestly seek him

(히 11:6)

1단계 물러서지 말라
믿음은 그럼에도 불구하고 맞서는 것이다

초점과 방향을 확인한다 _ 믿음연습 01
능력을 키우기 전에 태도를 갖춘다 _ 믿음연습 02
진실한 친구와 힘을 합한다 _ 믿음연습 03
영적 에너지를 충전한다 _ 믿음연습 04

물러서지 말라 *Facing Your Giants*

믿음연습 01
초점과 방향을 확인한다

> 세상의 모든 나침반들이 블레셋의 장수 골리앗을 가리킬 때,
> 다윗의 지남철은 한결같이 다른 방향을 지목했다.
> 하나님에 정통하면 반드시 이긴다.

비쩍 마른 데다 아직 수염도 나지 않은 소년 하나가 시냇가에 무릎을 꿇는다. 무릎이 바닥을 내리누르자, 이내 흙물이 스며 올라온다. 거품을 내며 흐르는 물살이 손을 시원하게 식혀 준다. 잘생긴 얼굴이 수면에 비쳐 어른대지만 소년은 눈치 채지 못한다. 구릿빛 머리칼, 햇볕에 그을려 오히려 건강해 보이는 피부에 맑은 눈까지, 히브리 소녀들이 보았더라면 숨이 턱 막혔을지도 모른다.

하지만 소년은 자기 얼굴은 안중에도 없고, 돌멩이를 찾는 데만 몰두해 있다. 단단하고 매끄러운 조약돌을 고르고 있다. 쌈지에 잘 넣어 두었다가 필요할 때 꺼내 물매에 매겨 쓰기에 알맞은 놈들을 찾는다. 손으로 잡았을 때 무게감이 적당히 느껴져야 한다. 그래야 미사일처

럼 날아가 사자나 곰, 그리고 경우에 따라서는 거인의 머리통까지 부숴 버릴 수 있다.

골리앗은 언덕배기에서 아래를 굽어본다. 하도 어이가 없어 웃음만 나온다. 블레셋 군대는 이미 골짜기의 절반을 차지하고 있다. 늘어선 창끝이 어찌나 많고 높은지 마치 숲을 이룬 듯 보인다. 피를 보고 싶어 안달이 난 사내들이 살기를 내뿜으며 으르렁거린다. 머리에는 두건을 질끈 동여매고, 몸에선 번들번들 땀이 배어난다.

골리앗은 무리들 가운데에서도 단연 돋보인다. 신발을 신지 않고도 297센티미터가 넘는 거구에 56킬로그램짜리 갑옷을 걸쳤다. 포대 자루만큼 큰 옷을 입고, 광주리만 한 투구를 쓰고, 길이가 150센티미터나 되는 벨트를 찼다. 알통이 툭 튀어나오고 근육이 씰룩거린다.

내지르는 고함소리에 골짜기가 쩌렁쩌렁 울린다. "오늘 내가 이렇게 이스라엘 군대를 모욕했으니 한 사람을 내게 보내라. 서로 싸우자"(삼상 17:10, 우리말성경). 쉽게 얘기하자면, '제일 센 놈 나와 봐. 일대일로 붙어 보자!' 이거다.

히브리인 진영에선 아무도 나서지 않았다. 오늘, 다윗이 손을 번쩍 들기 전까지는 그랬다. 다윗은 오늘 아침에 막 도착했다. 하루 종일 양을 돌보고 나서 빵이랑 치즈를 싸 들고 전장에 나가 있는 형들을 만나러 온 것이다. 그런데 거기서 골리앗이 하나님을 모욕하는 소리를 듣고 말았다. 소년은 조금의 망설임도 없이 결심을 굳혔다. 양 치는 데 쓰는 작대기를 쥔 채 곧장 냇가로 내려가, 조약돌 다섯 개를 쌈지에 챙겨 넣었다. 물매를 든 다른 손에 힘이 불끈 들어간다. 그리고 블레셋 거인에게 다가선다(삼상 17:40).주1

골리앗은 소년을 꼬마라며 놀린다. "네가 나를 개로 여기고 막대기를 가지고 내게 나아왔느냐"(삼상 17:43).

비쩍 마르고 왜소한 다윗과 거대한 몸집에 짐승처럼 사나운 골리앗. 이쑤시개와 특급태풍이 맞선 꼴이다. 삽을 들고 포크레인과 한판 승부를 벌이겠다는 것이다. 다윗이 상대를 때려눕힐 확률이 얼마나 될 것 같은가? 아무리 작다 해도 우리들 각자가 맞대면하고 있는 골리앗을 쓰러뜨릴 확률보다는 낫지 않을까?

요즘 골리앗은 칼이나 방패를 들고 다니지 않는다. 대신 실직이나 자포자기, 성폭력, 우울증 따위의 무기를 휘두른다. 엘라 골짜기가 아닌 사무실, 침실, 교실을 휘젓고 다닌다. 무슨 수를 써도 지불 불가능한 청구서, 좀체 오르지 않는 성적, 도저히 비위를 맞출 수 없는 사람, 차마 거부할 수 없는 위스키, 뿌리치지 못할 포르노그래피, 피해 갈 수 없는 진로, 떨쳐버릴 수 없는 과거, 맞설 수 없는 미래 따위를 들이민다.

골리앗의 자신에 찬 포효가 귓가에 들리는 듯하다. 다윗은 밤낮없이 도발적인 말을 늘어놓던 인물과 맞닥뜨렸다. "그 블레셋 사람이 사십 일을 조석으로 나와서 몸을 나타내었더라"(삼상 17:16).

여러분의 골리앗도 마찬가지이다. 아침에 눈을 뜨자마자 그 생각이 뇌리를 스치고, 종일 그 걱정을 하다 잠이 든다. 저마다의 골리앗이 하루 24시간을 온통 차지해 버려 기쁨을 잊은 지 오래다. 거인이 그렇게 따라다닌 지 얼마나 됐는가?

골리앗의 가계는 이스라엘과 대대로 원수지간이었다. 300년 전에 여호수아는 블레셋 족속을 약속의 땅에서 몰아냈다. 가사, 갓, 아스돗 등 세 도시의 주민을 제외하고 모두 처단해 버렸다. 깊은 산속에서 거목들이 쭉쭉 뻗어 올라가듯, 갓에서는 거인들이 줄줄이 태어났다. 골리앗이 어디서 컸는지 생각해 보라. 윗도리에 'G'라는 글자를 새기고 다니는 게 보이는가? 갓(Gath)고등학교 출신이다. 히브리인들에게 골리앗의 조상들은 눈엣가시였다.

사울의 군대는 골리앗을 보고 웅얼거렸다. "아버지 대에도 싸웠고 할아버지 대에도 싸웠으면 됐지, 또 블레셋이야?"

오늘을 사는 우리도 비슷한 말을 내뱉는다.

"결국 일밖에 모르는 인간이 됐어. 아버지처럼 말이야."

"핏속에 이혼 유전자가 흐르나 봐. 대대로 가정이 깨어지잖아."

"엄마도 가까이 지내는 친구가 하나도 없었어. 이것도 집안 내력인가?"

대대로 골짜기를 주름잡아 온 무법자. 고래힘줄처럼 질기고 미친 개처럼 사납게 달려드는 싸움꾼. 바로 그 골리앗이 아침마다 기다리고 밤마다 들들 볶아 댄다. 선조들을 지겹게 따라다니더니 이젠 우리들까지 못살게 군다. 햇살을 가리고 의심의 그늘을 드리운다. "이 블레셋 사람의 말을 듣고 사울과 온 이스라엘 사람들은 기가 죽어 두려움에 떨었습니다"(삼상 17:11, 우리말성경).

하나님에 정통하면 반드시 이긴다

어쩌면 다 쓸데없는 얘기인지도 모른다. 누구나 자기 골리앗을 훤히 알고 있을 테니 말이다. 발자국 소리만 들어도 들고 나는 걸 알 수 있다. 목소리라도 들릴라치면 화들짝 놀란다. 저마다 자신의 괴물이 어떻게 생겼는지 알고 있다. 문제는 눈에 보이는 게 정확한가 하는 것이다. 놈의 목소리를 알고 있다. 그러나 들리는 게 전부일까? 다윗은 그 이상을 보고 들었다. 다윗의 입에서 처음으로 흘러나온 말을 읽어 보라. "다윗이 곁에 섰는 사람들에게 말하여 가로되 이 블레셋 사람을 죽여 이스라엘의 치욕을 제하는 사람에게는 어떠한 대우를 하겠느냐 이 할례 없는 블레셋 사람이 누구관대 사시는 하나님의 군대를 모욕하겠느냐"(삼상 17:26).

다윗은 하나님을 내세운다. 다른 군인들은 입도 뻥끗하지 않았다. 형들 역시 단 한 번도 그분의 이름을 부르지 않았다. 하지만 다윗은 무대 전면에 나서자마자 살아 계신 하나님이라는 카드를 꺼내 든다. 사울 왕을 만났을 때도 한결같은 태도를 보인다. 전황을 묻거나 승산이 얼마나 있을지에 대해서는 전혀 이야기하지 않는다. 그저 주님이 주신 생각을 또박또박 말할 뿐이다. "여호와께서 나를 사자의 발톱과 곰의 발톱에서 건져내셨은즉 나를 이 블레셋 사람의 손에서도 건져 내시리이다"(삼상 17:37).

골리앗과 대면해서도 똑같이 상대를 꾸짖는다. 거인이 조롱하는 말을 마치기 무섭게 목동 다윗은 당차게 대꾸한다.

"다윗이 블레셋 사람에게 이르되 너는 칼과 창과 단창으로 내게 오거니와 나는 만군의 여호와의 이름 곧 네가 모욕하는 이스라엘 군대의 하나님의 이름으로 네게 가노라. 오늘 여호와께서 너를 내 손에 붙이시리니 내가 너를 쳐서 네 머리를 베고 블레셋 군대의 시체로 오늘 날 공중의 새와 땅의 들짐승에게 주어 온 땅으로 이스라엘에 하나님이 계신 줄 알게 하겠고, 또 여호와의 구원하심이 칼과 창에 있지 아니함을 이 무리로 알게 하리라. 전쟁은 여호와께 속한 것인즉 그가 너희를 우리 손에 붙이시리라"(삼상 17:45-47).

누구도 하나님을 거론하지 않았다. 그런데 다윗은 하나님만을 내세웠다. 여기에 이 싸움의 핵심이 숨어 있다. 이 싸움은 '다윗 대 골리앗'의 대결이 아니라, '하나님에 초점을 맞추느냐, 거인에 초점을 맞추느냐'의 싸움이었던 것이다.

다윗은 남들이 보지 못하는 걸 보았고, 남들이 다 아는 사실을 알고 싶어 하지 않았다. 다들 잔인하고 살기등등한 거인에게 눈길을 빼앗겼지만, 다윗은 다른 쪽을 바라보았다. 세상의 모든 나침반들이 블레셋의 장수 골리앗을 가리킬 때, 다윗의 지남철은 한결같이 다른 방향을 지목했다. 매스컴들이 날이면 날마다 한 목소리로 거인에 관해 떠들어 댈 때, 다윗은 다른 얘기를 했다. 상대의 조롱과 요구사항, 그 엄청난 덩치와 거만함을 모르는 이는 없었다. 세상 모두가 골리앗에 관해서라면 모르는 게 없을 정도였다.

반면에, 다윗은 하나님에 정통했다. 물론 다윗도 골리앗을 보기는 했다. 하지만 주님께 더 오래, 더 깊이 주목했다. 싸움판에 울려 퍼졌던 다윗의 목소리를 잘 들어 보라. "너는 칼과 창과 단창으로 내게 오거니와 나는 만군의 여호와의 이름 곧 네가 모욕하는 이스라엘 군대의 하나님의 이름으로 네게 가노라"(삼상 17:45).

원문에는 '이스라엘 군대들'이라고 되어 있다. '군대들'이라고? 평범한 눈에는 이스라엘 군대가 하나로 보인다. 하지만 다윗의 눈은 달랐다. 천사 특공대, 성도들로 편성된 보병부대, 엄청난 파괴력을 가진 무기에다 세상 군대까지 무수한 동맹군들이 공격개시 명령만 기다리는 장면을 보았던 것이다. 하나님은 모세를 지원하실 때처럼 우박 총탄을 퍼붓거나, 여호수아를 도우셨을 당시처럼 장벽을 일시에 허물어트리거나, 사무엘을 거들어 주셨던 상황에서처럼 우레를 날려 보낼 만한 능력이 충분히 있으시다.[주2]

골리앗을 향해 돌진하라

다윗은 하나님의 군대를 목격했다. 그랬기에 전혀 망설임없이 블레셋 거인을 맞으리 달려길 수 있었던 것이다.[주3]

형들은 너무도 무섭고 당황스러워 눈을 가렸다. 사울은 히브리 청년 하나가 쓸데없이 객기를 부리다 죽는구나 싶어 깊은 한숨을 내쉬었다. 골리앗은 고개를 젖히고 껄껄 웃었다. 그 바람에 투구가 훌떡 넘어

가면서 맨 이마가 손가락 두 마디만큼 드러났다. 다윗은 그 순간을 놓치지 않고 목표를 겨누었다. 골짜기엔 정적이 흐르고 오직 물매 돌리는 소리만 들렸다. '윙, 윙, 윙!' 마침내 돌멩이가 허공을 가르고 날아가 골리앗의 머리를 정확하게 강타했다. 거인의 눈동자가 풀리더니 무릎이 꺾이고, 통나무 넘어가듯 쿵 쓰러지더니 그대로 숨을 거두었다. 다윗은 골리앗의 칼집에서 장검을 꺼내 들었다. 그리곤 거인의 목을 내리쳤다. 다윗은 거인을 어떻게 처리해야 할지 잘 알고 있었다.

당신이 마지막으로 이런 일을 했던 게 언제인가? 상대에게 맹렬하게 돌진해 본 지 얼마나 되었는가? 너무 쉽게 물러나지는 않았는가? 책상 위에 일거리를 산더미같이 쌓아 놓고 그 뒤에 몸을 숨긴다. 사람들의 이목을 피해 술집으로 살금살금 기어든다. 금지된 사랑을 찾아 침대를 파고든다. 그렇게 해서 잠시라도 전선을 잊어 보려는 속셈인 것이다. 잠시, 또는 하루 동안은, 아니 길면 일 년 정도는 안전감을 느낄지 모른다. 하지만 일이란 건 언젠 끝나게 되어 있다. 술도 떨어진다. 사랑은 떠나 버린다. 그때부터 다시 골리앗의 음성이 들려 오고, 당장이라도 잡아먹을 듯 허풍을 떤다.

당신에게는 다른 방법이 있다. 하나님을 품고 거인을 향해 돌진하라. 이혼이라는 거인아, 넌 절대로 우리 집에 못 들어와! 우울이란 골리앗이라고? 평생 덤벼 봐라, 날 이길 수 있나! 술, 고집, 아동 학대, 불안감? 다 꺼져 버려!

물매에 돌멩이를 매겨 거인을 향해 날렸던 게 언젯적 이야기인가?

"A man after my own heart"

너무 까마득해 기억조차 나지 않는가? 그럼 소년 목동을 모델로 삼으라. 하나님은 다윗을 '내 마음에 맞는 사람'(행 13:22, 개역개정)이라고 부르셨다. 아브라함도, 모세도, 요셉도 그처럼 멋진 별명을 갖지 못했다. 바울은 사도란 소리를 들었고, 요한은 '사랑하는 제자'라는 평가를 얻었지만 하나님께 아무도 '내 마음에 맞는 사람'으로 인정받지 못했다.

믿는 자에게 기적은 찾아온다

다윗의 일대기를 살펴본 이들 가운데는 '하나님이 대체 뭘 보고 그를 그렇게 사랑하셨을까?' 하고 의아하게 생각하는 이도 있을 것이다. 물론 다윗은 제대로 서 있을 때도 많았지만 실족해 넘어진 순간도 적지 않았다. 승리를 거두기도 했지만 패배한 일도 수두룩하다.

골리앗을 노려보던 눈으로 밧세바에게 추파를 던졌다. 엘라 골짜기에서는 하나님을 모독하는 원수들과 맞섰지만, 광야로 쫓겨난 뒤에는 그들을 찾아가 몸을 의탁했다. 또한 이스라엘 군대를 훌륭하게 지휘했지만 가정은 잘 다스리지 못했다. 격노하는 다윗과 눈물 흘리는 다윗이 공존한다. 피에 주린 다윗과 하나님에 목마른 다윗이 있다. 아내를 여덟이나 거느렸던 다윗과 오직 하나님만을 섬긴 다윗이 있다.

그런 다윗을 하나님은 마음에 맞다 하셨다. 주님이 다윗을 그렇게 보셨다는 사실은 누구에게나 큰 소망이 아닐 수 없다. 다윗에게서는 한 점 흠이 없는 성인의 모습을 도저히 찾을 수 없다. 어쩌면 덕분에 우리 모두가 다시 용기를 낼 수 있는지도 모른다.

다윗이 똑바로 섰을 때는 누구도 따라갈 수 없을 만큼 훌륭했다. 하지만 실족했을 때에는 인생의 밑바닥까지 내려갔다. 하나님의 마음에 맞았던 다윗은 이렇게 기복이 심한 인물이었다. 바로 이런 이유 때문에 다윗의 이야기가 중요한 것이다. 거절, 실패, 복수, 죄책감 등 거인은 주변 곳곳에 도사리고 있다. 그리스도인들이 벌여야 할 씨름을 보면 마치 프로권투선수의 대진표를 보는 듯한 느낌이 든다.

- 메인 이벤트 : 착실한 청년 vs 불량서클 회원.
- 50킬로그램 라이트급 : 계산원 엘리자베스 vs 작심한 듯 비위를 긁는 손님들.

사노라면 이런 거인들을 피할 수 없다. 하지만 혼자 싸우라는 얘기가 아니다. 우선, 하나님께 초점을 맞추라. 다윗은 그렇게 해 골리앗을 쓰러뜨렸다. 하지만 엉뚱한 데 한눈을 파는 즉시 스스로 무너지고 말았음도 기억하라.

사무엘상 17장을 펴고 다윗이 골리앗을 어떻게 평가하는지 정리해 보자.

두 번, 그런 언급이 나온다. 하나는 사울 왕에게 골리앗에 대해 이야기하는 대목(삼상 17:36)이고, 다른 하나는 거인의 도발을 듣고 곁에 있는 이들에게 묻는 장면이다. "이 할례 없는 블레셋 사람이 누구관대 사시는 하나님의 군대를 모욕하겠느냐"(삼상 17:26).

바로 그것이다. 다윗은 거인을 평가하면서 아무것도 묻지 않는다. 골리앗의 기술, 나이, 사회적인 지위, 지능지수 따위에 전혀 관심이 없다. 창이 얼마나 무거운지, 방패가 얼마나 큰지, 궁금해하지 않는다. 그의 힘 따위는 눈곱만큼도 신경 쓰지 않는다. 하지만 하나님에 대해서는 무척 주의를 기울인다. 다윗의 말을 다시 읽어 보자.

> 사시는 하나님의 군대(삼상 17:26).
> 사시는 하나님의 군대(삼상 17:36).
> 만군의 여호와의 이름 곧 네가 모욕하는 이스라엘 군대의 하나님 (삼상 17:45).
> 여호와께서 너를 내 손에 붙이시리니 … 온 땅으로 이스라엘에 하나님이 계신 줄 알게 하겠고(삼상 17:46).
> 또 여호와의 구원하심이 칼과 창에 있지 아니함을 이 무리로 알게 하리라 전쟁은 여호와께 속한 것인즉 그가 너희를 우리 손에 붙이시리라(삼상 17:47).

모두 아홉 번 하나님을 언급한다. 주님에 대한 생각이 골리앗에 대한 상념보다 9대 2로 압도적이다. 여러분의 비율은 어떤가? 스스로 저지른 죄보다 하나님의 은혜를 네 배쯤 더 생각하는가? 불평거리보다 감사해야 할 은총 목록이 네 배 정도 더 긴가? 두려움 덩어리보다 소망 보따리가 네 배 이상 더 큰가? 이것저것 필요하다고 아뢰는 이야기보다 주님의 능력을 찬양하는 고백이 네 배쯤 길게 이어지는가?

아니라면, 다윗의 본을 받으라.

많은 이들이 자기 삶에는 기적이 일어나지 않는다고 한탄한다. 홍해가 갈라지지도 않고, 불 병거가 내려오지도 않고, 죽은 나사로가 살아 돌아오지도 않는다는 것이다. 그러면서 기적은 없다고 단정 짓는다. 그렇다면 다윗의 기적을 어떻게 설명할 것인가? 험한 길을 걷던 이들이 주님이 세워 놓은 진리의 광고탑을 발견하고 무릎을 치며 놀라곤 한다.

거인에게 초점을 맞추면 → 실족한다.
하나님께 초점을 맞추면 → 거인이 자빠진다.

눈을 들어 무시무시한 거인을 똑똑히 쳐다보라. 다윗의 손을 빌어 기적을 일으키신 하나님이 이제 우리를 통해 위대한 역사를 일으키시려고 만반의 준비를 갖추고 기다리고 계신다.

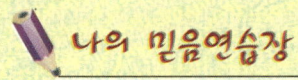 나의 믿음연습장

1. 이사야서 51장 12-15절을 보라. 주님이 한낱 '죽을 사람'을 두려워하지 말라고 말씀하신 이유는 무엇인가?

   창조주를 잊을 때 어떤 일이 일어나는가?

   하나님은 자녀들을 위해 어떤 계획을 세워 놓으셨는가?

2. 당신이 지금 직면하고 있는 가장 큰 문제는 무엇인가?

3. 어떤 골리앗이 조롱하는 말들을 퍼부으며 당신을 구원하시는 하나님의 손길을 멸시하고 있는가?

{ **당신을 위한 다윗의 전략노트**

하던 일을 잠시 접어 놓고 주님께 초점을 맞추라. 그분의 능력과 지혜, 영광을 생각하라. 문제를 해결할 수 있도록 도와주시길 청하라. 하나님이 얼마나 신속하게 전세를 역전시키는지 지켜보라.

물러서지 말라 *Facing Your Giants*

믿음연습 02
능력을 키우기 전에 태도를 갖춘다

다윗은 결점이 많았던 인물이지만 종달새가 동트길 갈망하는 심정으로
하나님을 찾았다. 하나님이 구하는 인재의 조건은 그것 하나뿐이다.
주님 마음을 좇아 살면 그분의 성품을 닮는 축복을 누린다.

초등학교 6학년 어느 봄날 저녁의 일이다. 그때 나는 부모님의 침실에 앉아 있었다. 부엌 쪽에서 어른들이 즐겁게 이야기하는 소리가 들려 왔다. 손님들과 함께하는 저녁식사 자리였지만 실례를 구하고 먼저 일어났다. 맛있는 파이가 후식으로 나온다는 걸 알았지만 그냥 포기했다. 거기 끼고 싶지도 않았고 입맛도 없었다. 그런 상황에서는 누구라도 시시한 얘기나 빵 조각 따위에 한눈을 팔지 않을 것이다.

나는 어떤 소식을 기다리고 있었다. 밥 먹기 전에 벨이 울리기를 바랐지만, 내내 조용했다. 식사를 하면서도 마음은 온통 전화에 가 있었다. 저녁식사 자리를 떠나온 뒤에도 줄곧 전화통만 바라보았다. 머릿속은 온통 한 가지 생각뿐이었다. '유소년 야구팀 멤버로 뽑혔다는

코치의 통보를 받는다면 얼마나 좋을까?'

내 방으로 와 침대 위에 앉았다. 곁에는 야구 글러브가 놓여 있었다. 길거리에서 친구들이 뛰노는 소리가 들려 왔지만, 나가고 싶은 마음이 전혀 들지 않았다. 관심사는 오직 전화뿐이었다. '벨아, 울려라. 제발 울려 다오.'

손님들이 돌아갈 때까지도 전화는 걸려 오지 않았다. 아빠 엄마가 괜찮다며 위로해 주셨다. 잘 시간이 가까워지도록 전화기는 울리지 않았다. 참으로 고통스러운 침묵이었다.

삶의 큰 그림을 생각하면 어린이 야구팀에 들어가느냐 마느냐는 그다지 큰 문제가 아니다. 하지만 인생을 꿰뚫어볼 힘이 없는 열두 살 꼬마에게는 그만한 관심사가 없다. 선수로 뽑혔느냐고 묻는 친구에게 무슨 대답을 내놓느냐 만큼 중대한 일이 또 어디에 있단 말인가?

그게 어떤 느낌인지 모두들 알고 있을 것이다. 사연이야 제각각이겠지만, 다들 울리지 않는 전화통을 바라보고 있을 테니 말이다. 사실 거시적인 안목에서 보자면 대단할 것도 없는 일들이다. 직장이나 무슨 모임에 원서를 내놓았다든지, 누구에겐가 도움을 주거나 받으려 하는데 통 기별이 없다. 오지 않는 전화를 기다리는 고통은 뼈에 사무친다. 이럴 때 흔히 사면초가에 빠졌다고도 하고, 구석에 몰렸다든지, 찬밥신세가 됐다고들 한다. 들에서 양을 치고 있다는 표현(삼상 16:11)에서도 비슷한 느낌이 난다. 바로 다윗의 경우가 그랬다.

기름 부음을 받았다면 끝까지 지키라

다윗의 이야기는 전쟁터에서 골리앗과 맞붙는 장면이 아니라, 나이 지긋한 선지자가 하얀 수염을 휘날리며 이스라엘의 어느 언덕길을 내려오는 모습에서 시작된다. 암송아지 한 마리가 그의 뒤를 따른다. 밭에서 일하던 농부들이 선지자를 금세 알아보고는 낮은 목소리로 이름을 부른다. 그 소리를 들은 이들이 급히 몸을 일으켜 노인을 돌아본다.

"사무엘이라고?"

하나님이 택하신 바로 그 제사장이다. 그는 한나가 키웠고, 엘리 제사장이 가르쳤고, 주님의 부르심을 받았다. 엘리의 아들들이 타락의 길에 빠져드는 동안, 어린 사무엘은 성장을 거듭했다. 그리고 언제부터인가 이스라엘에 영적인 가르침이 필요한 순간마다 분명한 지침을 제시하는 역할을 감당하기 시작했다. 백성들이 입을 모아 왕을 세워 달라고 청하자, 사무엘은 적임자를 선택하고 기름을 부었다. 사울은 그렇게 왕이 되었다.

그런데 바로 그가 이제는 사무엘의 고민거리가 됐다. 훤칠하게 키가 크고 힘센 사울. 이스라엘 백성은 왕을 원했고 결국 갖게 되었다. 하지만 기대했던 지도자는 온데간데없어지고 형편없는 인간이 되어 권력을 휘두르고 있었다. 언젠가부터 정신도 점점 이상해졌다.

사울의 마음은 날이 갈수록 황폐해져 갔다. 눈빛도 이루 말할 수 없을 만큼 살벌하다. 등극할 당시와는 판이하게 달라졌다. 하나님이 보시기에는 더 이상 왕도 아니었다. 주님은 사무엘에게 말씀하셨다.

"여호와께서 사무엘에게 이르시되 내가 이미 사울을 버려 이스라엘 왕이 되지 못하게 하였거늘 네가 그를 위하여 언제까지 슬퍼하겠느냐 너는 기름을 뿔에 채워 가지고 가라 내가 너를 베들레헴 사람 이새에게로 보내리니 이는 내가 그 아들 중에서 한 왕을 예선하였음이니라"(삼상 16:1).

사무엘이 베들레헴으로 가는 데는 그런 사연이 있었다. 길을 걷는 그의 마음과 머릿속은 너무 어지럽다. 이미 왕이 존재하는 상황에 다른 누군가에게 기름을 붓는다는 건 무모한 노릇이다. 그러나 그처럼 위태로운 시절에 지도자 없이 지낸다는 건 더욱 위태로운 일이다.

여러 부족이 모여 느슨한 공동체를 이루고 있던 이스라엘에게 BC 1000년 무렵은 대단히 불안정한 시대였다. 모세와 여호수아는 이미 역사책에나 등장하는 흘러간 영웅이 되고 말았다. 영적인 혹한기가 300년 동안이나 지속되면서 백성들의 신앙은 꽁꽁 얼어붙었다. 성경 기자는 여호수아에서 사무엘에 이르는 시기를 "그때에 이스라엘에 왕이 없으므로 사람이 각각 그 소견에 옳은 대로 행하였더라"(삿 21:25)는 말로 압축, 정리하고 있다.

타락은 쇠락을 부채질했다. 인륜이 무너지면서 패륜이 극성을 부렸다. 백성들은 왕을 요구했지만, 정작 왕좌를 차지한 사울은 배를 구하기는커녕 침몰을 재촉했다. 그렇게 이스라엘의 첫 번째 군주는 미치광이 폭군으로 변해 가고 있었다.

게다가 바깥 사정도 좋지 않았다. 호전적이고 피에 주려 있으며,

기골이 장대한 장수가 즐비한 데다가 철제무기를 독자적으로 생산하는 블레셋이 도사리고 있었다. 그들에게 이스라엘 정복쯤은 식은 죽 먹기였다. 블레셋 족속이 도시를 건설할 때, 히브리인들은 뿔뿔이 흩어져 천막을 치고 살았다. 블레셋이 철제무기를 대량으로 찍어 낼 때, 히브리인들은 조잡한 물매와 활을 들고 싸움에 나섰다. 블레셋 군대가 번쩍거리는 병거를 타고 질풍처럼 내달릴 때, 이스라엘 군이 가진 장비라고는 농기구와 칼이 고작이었다. 전투에 나서는 히브리 군대 전체에 칼이 딱 두 자루(하나는 사울 왕, 다른 하나는 왕자 요나단의 것이었다, 삼상 13:22)뿐인 적도 있었다니, 더 말해 무엇하겠는가?

안으로는 끝 모를 타락이 계속됐고, 밖에서는 감당할 수 없는 세력이 이스라엘을 위협했다. 사울은 허약하기 그지없었고, 국가는 더 쇠약했다. 마침내 하나님이 누구도 상상하지 못한 조치를 취하셨다. 대단찮은 동네에서 들도 보도 못한 인물을 역사의 현장으로 깜짝 초대하신 것이다.

당신을 지명하여 부르신다

하나님은 사무엘을 어느 산골짜기에 있는 작은 마을에 보내셨다. 다윗이 사는 마을은 예루살렘에서 8킬로미터쯤 떨어진 언덕배기에 둥지를 튼, 특별하달 것도 없고 주목할 일도 없이 조용한 동네였다. 지중해로부터 600미터 고지에 자리 잡은 터라, 완만하고 푸른 언덕들이 차츰 낮아지면서 울퉁불퉁 바위투성이 황야로 변해 가는 게 한눈에 들어

온다. 룻도 한때 이 작은 마을에 살았다. 예수님 역시 베들레헴 하늘 아래서 첫 울음을 터뜨리셨다.

　사무엘이 암송아지 한 마리를 끌고 이 고을에 들어설 당시는 구유에서 한 아기가 태어나기 천여 년 전이었다. 사무엘이 찾아왔다는 사실만으로도 온 동네가 떠들썩했다. 선지자들은 좀처럼 베들레헴에 들르지 않는다. 마을 사람들이 그를 빙 둘러서서는 수군거린다. "누굴 혼내 주러 왔을까? 아니야, 몸을 숨기러 온 걸지도 몰라."

　구부정하게 허리가 굽은 예언자는 둘 다 아니라고 손을 내젓는다. 그러고는 짐승을 잡아 하나님께 제사를 드리러 왔다면서 마을의 장로들과 이새는 물론이고 그 아들들까지 불러냈다.

　사무엘은 이새의 아들들을 하나하나 뜯어본다. 몇 번씩이나 우승 메달을 걸어 주려다 번번이 하나님의 제지를 받고 손을 거두었다. 맏아들 엘리압은 누가 봐도 일등감이다. 굽슬굽슬 굽이치는 머리칼에 강해 보이는 사각턱을 가졌다. 잘생긴 얼굴에 이도 고르게 잘 나 무척 건강해 보인다. 사무엘은 엘리압을 보자마자 생각했다. '오호라, 이 친구로구나!' 그러나 하나님이 말씀하셨다. "아니다!"

　이번에는 동생 아비나답이다. 잡지 표지모델로도 전혀 손색이 없는 외모를 갖추었다. 이탈리아제 정장을 입고, 악어가죽 구두를 신었다. 새카만 머리칼에 기름을 잔뜩 발라 뒤로 빗어 넘겼다. 품격이 느껴지는 왕이 필요한가? 여기 아비나답이 안성맞춤이다. 하지만 하나님은 번드르르한 겉모습에 혹하지 않으셨다.

사무엘은 3번 후보, 삼마를 불러들인다. 책을 좋아하는 학구적인 인물이다. 카리스마가 빠진 자리를 지식으로 메웠다 할 수 있다. 국립대학에서 학위를 받았으며 이집트에 가서 박사과정을 밟을 계획이다. 이새가 자랑스럽게 한마디 거든다. "명문 베들레헴 고등학교를 수석으로 졸업했지요." 사무엘은 깊은 인상을 받았지만, 하나님은 그렇지 않으셨다. 주님은 선지자의 주의를 환기시키신다. "나의 보는 것은 사람과 같지 아니하니 사람은 외모를 보거니와 나 여호와는 중심을 보느니라"(삼상 16:7).

그렇게 일곱 아들이 다 지나갔다. 7번 후보도 합격점을 받지 못했다. 이상하다 여긴 사무엘이 이새의 아들들을 세어 본다. "하나, 둘, 셋, 넷, 다섯, 여섯, 일곱. 어라? 이새 씨, 아들이 여덟이라고 하지 않았나요?" 신데렐라의 계모가 비슷한 질문을 받고 움찔했던 걸 기억하는가? 이새도 그랬다. "이새가 가로되 아직 말째가 남았는데 그가 양을 지키나이다"(삼상 16:11).

여기서 '말째'에 해당하는 히브리어는 '학카톤'(haqqaton)으로, 단순한 나이의 개념을 넘어 등급의 의미를 담고 있는 말이다. 가장 늦게 태어났을 뿐만 아니라 제일 변변치 못한 형제(꼬마, 꼴찌)임을 암시하는 것이다. 당시 양을 지키는 건 학카톤의 몫이었다. 모자라서 혹 사고를 일으킬지 모르니 아예 일을 만들지 못할 곳에다 내보내자는 속셈이 깔려 있는 것이다. 사방에 양뿐인 허허벌판에서 무슨 말썽을 피울 수 있겠는가? 다윗은 양들과 함께 푸른 초장에 있었다. 장차 성경은 무려

66장에 걸쳐서 다윗의 행적을 기록한다. 예수님 말고는 유례가 없는 일이다. 신약성경만 하더라도 그 이름을 59번이나 언급한다. 다윗은 장차 세상에서 가장 유명한 도시, 예루살렘을 건설하고 거기 살게 될 주인공이다. 세상은 하나님의 독생자를 일컬어 '다윗의 아들'이라고 부를 것이다. 그의 펜 끝에서 가장 위대한 시편들이 쏟아져 나올 것이다. 왕이며 용사이고, 음유시인이며, 거인 골리앗을 처단한 맹장으로 추앙 받을 것이다. 하지만 당시에는 가족모임에 끼지도 못하는 신세였다. 신뢰 받지 못하고 잊혀진 아이, 궁벽한 촌구석에서 하루하루 단조로운 일을 하며 지내는 꼬마에 불과했다. 그런데 어째서 하나님은 다윗을 지목하셨을까? 누구나 다윗의 초장을 걸어 본 경험이 있을 것이다. 그건 바로 '소외'라는 이름의 풀밭이다.

집이 얼마나 넓은지, 체격이 얼마나 좋은지, 피부가 무슨 색인지, 어떤 차를 타는지, 어느 브랜드의 옷을 입는지, 얼마나 넓고 좋은 사무실에서 일하는지, 무슨 학위를 가지고 있는지, 따위를 가지고 등급을 나누려 드는 사회통념 때문에 모두들 지쳐 있다.

아무리 열심히 일해도 아무도 알아주지 않는다. 헌신하고 희생해도 보상을 받지 못한다. 윗사람은 성실하게 자기 일을 해내는 쪽보다 입 안의 혀처럼 알아서 가려운 데를 긁어 주는 부하를 더 좋아한다. 교사는 수업 준비를 잘 해 온 아이보다 귀엽게 구는 녀석에게 먼저 눈길을 준다. 심지어 부모도 잘난 자식을 내세우고 조금 처지는 아이는 들판으로 내돌리기 일쑤다. 상황이 이렇다 보니 소외라는 거인이 세상을 호령할 수밖에 없다.

당신 역시 소외의 골리앗이라면 진저리가 나는가? 그렇다면 이제 놈에게서 눈을 뗄 때가 되었다. 그런 평가에 신경 쓸 이유가 없다. 정작 중요한 건 한 사람 한 사람을 지으신 분의 생각이다. 주님은 말씀하신다. "나의 보는 것은 사람과 같지 아니하니 사람은 외모를 보거니와 나 여호와는 중심을 보느니라"(삼상 16:7).

사무엘상 16장 7절은 사회의 학카톤(말째)에게 주신 말씀이다. 제대로 적응하지 못하고 소외된 이들을 향한 약속이다. 하나님은 아무도 버리지 않고 온전히 들어 쓰신다.

주님은 심판을 피해 달아났던 모세를 사용하셨다. 요나는 하나님을 피해 도망쳤지만, 결국 쓰임을 받았다. 라합은 매음굴로, 삼손은 못된 여인의 품으로 피했다. 야곱은 제자리를 맴돌았고, 엘리야는 산속으로 몸을 숨겼다. 사라는 자포자기에 빠졌고, 롯은 악한 무리들과 어울렸다. 하지만 주님은 이들을 모두 불러다 일꾼으로 삼으셨다.

다윗은 어땠는가? 하나님은 베들레헴 주위의 산간을 누비는 소년을 보셨다. 소년은 빛나기는커녕 지루하기 짝이 없는 양치는 일을 하면서도 조금도 한눈을 팔지 않았다. 하나님은 형의 목소리를 빌어 다윗을 부르셨다. "다윗아, 잠깐 집에 들어왔다 가야겠다. 어떤 어른이 널 좀 보자고 하신다." 사람의 눈으로 보기에는 그저 호리호리한 십대 아이에 지나지 않는다. 소년의 몸에 묻어 온 양 노린내 때문에 다들 코를 잡으며 눈쌀을 찌푸린다. 그때 하나님이 말씀하신다. "이가 그니 일어나 기름을 부으라"(삼상 16:12).

마음이 제일 중요하다

주님은 아무도 못 보는 걸 보셨다. 바로 마음이다. 다윗은 결점이 많은 인물이지만 종달새가 동트길 갈구하는 심정으로 하나님을 찾았다. 주님 마음을 좇아 살았으므로 그분의 성품을 닮아 갈 수 있었다. 하나님이 구하는 인재의 요건은 그것 하나뿐이다. 세상은 체격이나 지갑 두께로 인간을 평가한다. 하지만 창조주는 다르시다. 그분은 마음을 보신다.

전화벨이 울리길 목이 빠지도록 기다렸던 얘길 기억하는가? 전화통은 끝까지 조용했다. 대신 초인종이 울렸다. 꿈을 접고 글러브를 서랍 속에 집어넣은 지 한참 뒤에, 현관문 쪽에서 따르릉 소리가 들렸다. 유소년 야구팀 감독이었다. 누구보다 먼저 나를 뽑았다면서 트레이너가 당연히 전화를 걸었을 줄 알았다고 했다. 아빠가 코치에게 전화를 걸어 자리가 남아 있다면 아들아이를 끼워 줄 수 있겠느냐고 부탁한 덕분이었다는 사실은 오랜 시간이 지난 뒤에야 알았다. 난 제일 먼저가 아니라, 가장 나중에 선발된 선수였던 것이다. 어쨌든 아빠가 전화를 걸었고, 감독이 찾아왔고, 난 선수로 뛰는 기쁨을 맛보았다.

소년 다윗의 이야기는 중요한 진리 하나를 다시 확인시켜 준다. 하늘 아버지는 자녀들의 마음을 아신다. 그래서 한 사람 한 사람의 상황에 딱 들어맞는 계획을 세워 놓으셨다.

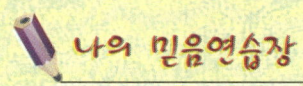 나의 믿음연습장

1. 기다리는 전화가 걸려 오지 않았던 경험은 누구나 한 번쯤 있을 것이다. 당신의 경우 무슨 일이었는가?

　　연락이 오지 않았다는 사실이 어째서 그토록 고통스러웠는가?

2. 사무엘상 15-16장과 고린도전서 10장 13-14절을 읽으라. 주님이 사울 왕을 버리셨던 까닭은 무엇인가?

　　사무엘은 사울 왕을 무척 애석하게 생각했다. 그런 태도가 어떤 점에서 하나님의 뜻이 실현되는 데 장애물로 작용했는가?

　　사울의 불순종은 어떤 결과를 낳았는가?

3. 사무엘상 13장 14절과 사도행전 13장 22절을 읽으라. 사무엘상 13장 14절에 따르면, 하나님은 어떤 자격과 성품을 가진 이를 찾아서 백성들의 지도자로 삼으시는가?

사도행전 13장 22절은 다윗을 일컬어 "하나님 마음에 합한 사람"이라고 표현한다. 다윗의 삶 가운데 어떤 부분을 근거로 그런 평가를 내릴 수 있는가?

스스로 생활을 돌아보라. 당신의 삶에서도 그런 자질을 찾을 수 있는가?

분명히 드러나는 자질이 있는가? 아니면 그런 성품을 전혀 볼 수 없는가?

당신을 위한 다윗의 전략노트

하나님 마음에 맞는 이들과 더불어 시간을 보내는 것이야말로 주님 뜻에 부합하는 인물이 되는 가장 좋은 방법이다. 그리스도와 친밀하게 동행하는 성숙한 그리스도인 두세 명을 찾아가서 함께 대화를 나누라. 어떻게 생활하는지, 어떻게 하나님과의 관계를 한결같이 유지하는지, 낙심되는 일이 생기면 어떻게 대처하는지 귀 기울여 들어 보라.

물러서지 말라 *Facing Your Giants*

믿음연습 03
진실한 친구와 힘을 합한다

다윗은 이스라엘의 왕자와 친구가 되었다. 우리는 왕이신 예수 그리스도의 벗이다. 요나단이 다윗을 보호했던 것처럼, 예수님은 거룩한 자녀들을 지키시겠다고 약속하셨다.

샤런(Sharon)은 자꾸만 백미러를 쳐다보면서 다른 자동차 운전자들을 유심히 뜯어본다. 잠시도 경계를 늦추지 않는다. 누군가 뒤를 쫓고 있을지도 모르기 때문이다. 얼마 전, 전남편 토니(Tony)가 이런 음성 메시지를 남겼다. "절대로 내게서 도망치지 못해. 난 네 남편이야." 전남편은 한번 화를 냈다 하면 스스로도 주체를 못했다. 사정없이 주먹을 휘두르는 바람에 샤런의 얼굴에선 멍 자국 가실 날이 없었다. 그러다 결국 둘은 갈라서고 말았다. 하지만 토니는 법원의 접근금지 명령까지 무시했다. 그래서 샤런은 백미러를 확인하고 또 확인하는 것이다.

어느 거리 길모퉁이에서 애덤(Adam)이라는 인터넷 회사 직원이 안

절부절못하며 눈치를 본다. 사장실 안쪽을 몰래 들여다보더니 의자가 비어 있는 걸 확인하고 가슴을 쓸어내린다. 운이 좋으면 한두 시간쯤은 마음을 놓을 수 있을 것이다. 스크루지(Scrooge) 사장이 언짢은 기색으로 여기저기 들쑤시고 다니며 마구 화를 내기 전까지 말이다. 사장은 아버지에게서 회사를 물려받았다. 하지만 기업을 경영한다는 게 생각처럼 쉬운 일이 아니었다. 스크루지는 거기서 생긴 스트레스를 가장 아껴야 할 직원들에게 떠넘겼다. 태초에 아담이 그랬던 것처럼 말이다. 날이면 날마다 호통을 치고, 사납게 몰아세우고, 차마 입에 담지 못할 험한 말을 퍼붓는다. 그에게 칭찬을 기대하느니 조화에서 새순이 돋기를 기대하는 편이 나았다.

당신의 골리앗이 누구인지 파악하라

새런은 전남편을 피하고, 애덤은 사장을 피한다. 이제 자신을 돌아보라. 당신에게도 분명 당신의 내면 세계를 호령하는 괴물이 있을 것이다. 사사건건 간섭하는 엄마? 독재자 같은 운동부 코치? 호랑이 같은 수학 교사? 뭐든지 제멋대로인 기숙사 룸메이트? 양치기 소년을 산적처럼 벽에다 메다꽂아 버리려고 안달이 난 왕?

마지막 이야기는 불쌍한 다윗의 이야기이다. 엘라 골짜기는 제왕 수업을 받는 훈련장이 되었다. 골리앗의 머리가 떨어져 나가는 순간부터 이스라엘 백성은 다윗을 영웅으로 떠받들기 시작했다. 히브리인들은 개선하는 영웅에게 오색테이프를 뿌려 가며 노래했다. "사울의 죽인 자는 천천이요 다윗은 만만이로다"(삼상 18:7).

그 노래를 들은 사울은 격분했다. '그날 이후로 다윗을 주목'(삼상 18:9)하기 시작했다. 정신이 온전치 않았던 사울은 그렇지 않아도 툭하면 분노를 뿜어내곤 했다. 누구든지 거기에 걸려들면 살아남기 어려울 정도였다. 다윗의 인기는 사울의 성질에 기름을 부었다. 사울은 이를 갈았다. "내가 다윗을 벽에 박으리라"(삼상 18:11).

그 뒤 사울은 베들레헴의 '떠오르는 별'을 무려 여섯 차례나 죽이려 했다. 처음에는 딸 미갈과 결혼하기를 권했다. 언뜻 보기에는 우호적인 제스처 같지만 조금 더 읽어 보면 몹시 조악한 예물을 요구하는 대목이 나온다. 사울은 블레셋 족속 백 명의 포피를 원했다. 그러면서 생각했다. '적들 가운데 누군가의 손에 죽을 거야. 틀림없어.' 하지만 그런 일은 벌어지지 않았다. 다윗은 사울이 요구하는 양의 두 배를 들고 당당하게 돌아왔다(삼상 18:25-27).

사울은 포기하지 않았다. 신하들과 요나단에게 다윗을 죽이라고 명령했다. 하지만 아무도 그 명을 따르지 않았다. 결국 직접 창을 던져 보기도 했지만 빗나가고 말았다(삼상 19:10). 자객을 보내 암살을 시도했을 때는 다윗의 아내 미갈이 창문을 통해 남편을 탈출시켰다. 도망자 다윗은 무법자 사울보다 언제나 한 발짝 앞서 몸을 피했다.

사울이 왜 그렇게 자기를 못 잡아먹어서 안달인지, 다윗은 이해할 수가 없었다. '왕에게 해가 될 일을 한 적이 없는데 왜 저러시는 것일까?' 사울 왕이 악령에 사로잡혀 괴로워했을 때는 음악을 연주해 치료해 주었다. 어려운 지경에 빠진 백성들에게는 희망을 전했다. 뿐만 아니라 민족을 불행에서 건져 냈으면서도 시종일관 겸손하고 정직한 자세를 지켰다. 다윗은 "모든 일을 지혜롭게"(삼상 18:14) 처리했다. "모든 이스라엘과 유다는 다윗이 어떤 전투에서나 백성들을 앞장서서 잘 이끌었기 때문에 그를"(삼상 18:16, 우리말성경) 좋아했다. "사울의 모든 신하보다 더 지혜롭게"(삼상 18:30) 행동했다.

그럼에도 불구하고 사울은 분을 삭이지 못했다. 창을 날리거나 살해 음모를 꾸미며 다윗의 선의에 보답했다. 요나단에게 "내가 무엇을 하였으며 내 죄악이 무엇이며 네 부친 앞에서 나의 죄가 무엇이관대 그가 내 생명을 찾느뇨"(삼상 20:1) 하고 물었던 다윗의 심정이 이해되고도 남는다. 요나단으로서는 할 말이 없다. 무슨 말을 하겠는가? 어떤 핑계로도 사울의 터무니없는 분노를 정당화할 수는 없었다. 아버지가 자식을 못살게 굴고, 아내가 남편을 멸시하고, 상사가 부하들 사이를 이간질하는 이유를 누가 알겠는가? 다들 그냥 그런 짓을 할 따름이다.

지금도 각계각층의 수많은 사울들이 세상을 미워하고 있다. 독재자는 철권을 휘두르고, 기업인은 부하를 유혹하고, 행정관리들은 권력을 남용한다. 성직자는 성범죄를 저지르고, 힘세고 영향력 있는 이들이 약하고 무지한 대중을 지배하며 감언이설로 조종하려 든다. 다윗을 뒤쫓는 사울의 추적은 아직도 끝나지 않았다.

예수님의 평생 친구로 살라

하나님은 이런 상황에 어떻게 대처하시는가? 눈에는 눈, 이에는 이로 갚아 주시는가? 어쩌면 그래 주시면 정말 좋겠다고 생각할지도 모른다. 실제로 주님이 손수 헤롯이나 바로 같은 폭군들을 처단하신 적도 있다. 하지만 우리 가운데 누구나 사울이 될 수 있다. 그때도 똑같은 얘길 할 수 있겠는가? 솔직히 나는 자신이 없다. 다만 하나님이 자녀들에게 어떤 조치를 취하실지에 대해서는 분명하게 이야기할 수 있다. 틀림없이 요나단 같은 이를 보내 주실 것이다.

하나님은 사울의 잔학한 행위와 요나단의 충실한 우정을 모두 헤아리신다. 요나단 역시 사울 못지않게 다윗을 질투할 수 있었다. 사울의 아들로서, 이변이 없는 한 왕좌를 물려받을 인물이었기 때문이다. 능력 있는 용사였으니 자질도 충분히 갖추었다. 다윗이 양이나 먹이던 시절에 요나단은 벌써 블레셋 군대와 전투를 벌였다.

요나단은 다윗을 멸시하고도 남을 만한 위치에 있었지만, 그러지 않았다. 그토록 너그러울 수가 없었다. 위대한 창조주께서 두 젊은이의 마음을 가져다가 뜯어진 솔기를 단단히 꿰매신 덕택이었다. "요나단의 마음이 다윗의 마음과 연락되어 요나단이 그를 자기 생명같이 사랑하니라"(삼상 18:1). 마치 두 장의 헝겊을 잇듯, 하나님은 두 사람의 마음을 하나로 연결시키셨다. 덕분에 한쪽이 움직이면 다른 한편도 자연히 알게 되었다. 다윗이 골리앗을 물리친 바로 그날, 요나단은 우정을 다짐한다. "요나단은 다윗을 자기 생명같이 사랑하여 더불어 언약을 맺었으며 요나단이 자기의 입었던 겉옷을 벗어 다윗에게 주었고 그 군복과 칼과 활과 띠도 그리하였더라"(삼상 18:3-4).

왕자는 양치기의 옷을 벗기고 자신이 입고 있던 자주색 망토를 걸쳐 주었다. 왕가의 자제만 입을 수 있는 의상이었다. 왕관을 씌워 준 것이나 다름없었다. 왕위 계승권자가 스스로 자리를 양보한 것이다.

이후 요나단은 줄곧 다윗을 보호했다. 아버지가 음모를 꾸밀 때마다 친구에게 그 사실을 알려 주었다. 사울의 추적이 시작되면 요나단은 즉시 다윗을 빼돌렸다. 조금이라도 낌새가 이상하면 "내 부친 사울이 너를 죽이기를 꾀하시느니라 그러므로 이제 청하노니 아침에 조심하여 은밀한 곳에 숨어 있으라"(삼상 19:2)는 식의 경고를 보냈다.

요나단은 다윗에게 언약과 왕실의 예복, 보호를 제공했다. "어떤 친구는 형제보다 친밀하니라"(잠 18:24)라는 말씀 그대로였다. 다윗은 사울의 아들에게서 진정한 우정을 보았다.

요나단 같은 친구가 있으면 얼마나 좋겠는가? 항상 곁에서 지켜 주고, 사심 없이 호의를 베풀며, 다만 행복하기를 기원해 주는 벗이다. 그와 있으면 꾸미거나 감추지 않아도 된다. 언제나 편안하다. 속셈이 무언지 캐내려고 안달할 필요도 없고, 한마디 한마디 신경 써 가며 말하지 않아도 괜찮다. 친구가 성실한 손길로 낟알과 쭉정이를 면밀하게 가려서 알맹이는 잘 챙기고 껍데기는 훅 불어서 날려 버리기 때문이다. 하나님은 다윗에게 늘 그런 친구가 되어 주셨다.

주님은 거룩한 자녀들과도 똑같은 우정을 나누고 싶어 하신다. 다윗은 이스라엘의 왕자와 친구가 되었다. 우리는 왕이신 예수 그리스도의 벗이 될 수 있다. 주님은 이미 그리스도인들과 언약을 맺으셨다. 그분의 마지막 말씀을 기억하는가? "볼찌어다 내가 세상 끝날까지 너희와 항상 함께 있으리라"(마 28:20).

하나님이 옷을 입혀 주시지 않았던가? 주님이 "흰 옷을 사서 입어 벌거벗은 수치를 보이지 않게"(계 3:18) 하신다. 예수님을 통해 하늘나라에 어울리는 예복을 입혀 주시는 것이다. 사실 그리스도가 베푸시는 호의는 요나단을 훨씬 능가한다. 그분의 외투를 입혀 주셨을 뿐만 아니라, 스스로 우리의 남루한 옷을 걸치셨다. "하나님이 죄를 알지도 못하신 자로 우리를 대신하여 죄를 삼으신 것은 우리로 하여금 저의 안에서 하나님의 의가 되게 하려 하심이니라"(고후 5:21).

게다가 우리에게 적절한 무장까지 갖춰 주신다. 주님은 "마귀의 궤계를 능히 대적하기 위하여 하나님의 전신갑주를 입으라"(엡 6:11)고 권면하신다. 무기창고로 데려가셔서 진리의 허리띠, 의의 흉배, 믿음의 방패, 성령의 검(하나님 말씀) 등을 챙겨 주신다(엡 6:13-17).

요나단이 다윗을 보호했던 것처럼, 예수님은 거룩한 자녀들을 철통같이 지키시겠다고 분명히 약속하셨다. "내가 저희에게 영생을 주노니 영원히 멸망하지 아니할 터이요 또 저희를 내 손에서 빼앗을 자가 없느니라"(요 10:28).

당신을 기다리신다

진정한 친구를 갈망하는가? 여기 그런 벗이 있다. 참다운 우정을 나눌 존재가 있다는 건 하늘이 무너져도 솟아날 구멍이 있다는 뜻이기도 하다. 사울을 바라볼 수도 있고 요나단에 주목할 수도 있다. 마귀의 악한 역사에 집착할 수도 있고, 그리스도의 따뜻한 보살핌에 초점을 맞출 수도 있다. 비벌리(Beverly)주1는 그리스도의 영역을 최대한 확장하는 쪽을 선택했다. 물론 쉽지 않은 일이었다. 자신을 성폭행한 남자를 늘상 봐야 한다는 건 생각만큼 쉬운 일이 아니었다. 그 남자는 공적인 업무를 가장하고 집 안에 들어왔다. 의심스러운 구석은 조금도 없었다. 개인적으로도 잘 알고 지내는 처지였고 같은 일을 하는 동료이기도 했기 때문이다. 그 남자는 지방자치단체를 운영하는 일을 하고 있는데, 괜찮으면 잠깐만 시간을 내 조언을 해 주면 좋겠다고 했다. 하지만 비벌리가 빼앗긴 시간은 결코 잠깐이 아니었다.

그 남자는 범행을 부인했고 은폐하는 데 성공했다. 그뿐이 아니다. 사건 이후로도 전혀 흔들림 없이 정치적인 사다리를 잘 밟고 올라갔다. 텔레비전을 틀면 저녁 뉴스에 범인의 얼굴이 나왔다. 가끔씩 무슨 행사 같은 데서 마주치기도 했다. 그 남자가 착한 척하고 돌아다니는 꼴을 볼 때마다 속이 뒤틀려서 견딜 수가 없었다. 비벌리는 더 이상 그런 상태에 머물고 싶지 않았다. 성폭행 사건이 있고 2년이 흐른 어느 날, 그녀는 '요나단'을 만났다. 친구 하나가 그리스도를 소개했다. 주님이 앞길을 지키실 것이며, 놀라운 계획을 예비해 두셨고, 늘

문을 열어 둔 채 기다리신다는 사실을 알려 주었다. 비벌리는 예수님을 구주로 영접했다. 아픈 기억은 좀처럼 사라지지 않았지만 예전처럼 그녀의 삶을 뒤흔들지는 못했다. 이제 그녀 혼자 '사울'을 상대하지 않아도 되었다. 복수를 꿈꾸기보다 주님을 좇았다. 가해자의 잔인한 폭행에만 꽂혀 있던 시선을 거두어 주님의 자비로우심을 바라보는 쪽을 선택했다. 차츰 영혼의 상처에 딱지가 앉기 시작했다.

물론 사악한 폭군의 일거수일투족을 속속들이 파악하는 쪽을 선택할 수도 있다. 벽에다 얼굴을 그려 놓고 화살을 쏘아 가며 저주할 수도 있다. 그때부터 자녀양육, 직장경력, 결혼생활, 건강 등 아픈 과거에 집착하는 동안 잃어버린 모든 소중한 것들을 일일이 적어서 머리에 새겨 두라. 그대로 사울의 흔적에 빠져 살면서 고통의 진창에서 뒹구는 것이다. 어떤가? 기분이 좀 나아졌는가? 아니면 더 비참해졌는가?

누구나 이런 일을 경험했을 것이다. 악취가 진동하는 상처를 너무 오래 껴안고 있다 보면 어느 결엔가 스스로의 몸에서도 그 역겨운 냄새가 풍겨 나오는 법이다. 그럼, 어떻게 해야 할까? 요나단에게 매달려라. 사울의 기억을 붙들고 씨름하는 양을 줄이고, 그리스도를 경배하는 데 더 많은 시간을 투자하라. 다윗의 찬양을 자신의 것으로 삼으라.

여호와는 생존하시니
나의 반석을 찬송하며 내 구원의 하나님을 높일찌로다

이 하나님이 나를 위하여 보수하시고

민족들로 내게 복종케 하시도다

주께서 나를 내 원수들에게서 구조하시니

주께서 실로 나를 대적하는 자의 위에 나를 드시고

나를 강포한 자에게서 건지시나이다

여호와여 이러므로 내가 열방 중에서 주께 감사하며

주의 이름을 찬송하리이다 (시 18:46-49).

'하나님의 선하심'이라는 바다를 마음껏 헤엄치라. 따듯하게 보살펴 주신 일들을 돌이켜 보라. 아름다운 저녁노을을 보여 주신 일부터 영혼을 구원해 주신 역사에 이르기까지 스스로 얼마나 많은 복을 누리고 있는지 생각해 보라. 사울이 많은 걸 빼앗아 갔겠지만, 예수님이 더 풍성한 것들로 채워 주신다. 예수님을 평생의 친구로 삼으라. 아쉬운 게 있으면 숨기지 말고 낱낱이 아뢰어라. 두려움을 고백하고 어떤 걱정거리가 있는지 소상히 설명하라.

그렇게 하면 정말 사울이 사라질까? 누가 알겠는가? 하지만 생각하기에 따라선 사울의 추격이 끝나느냐 마느냐는 대단한 일이 아니다. 영원히 함께할 벗을 만나지 않았는가? 그럼 그것으로 충분하지 않은가? 그보다 더 중요한 일이 또 어디에 있겠는가?

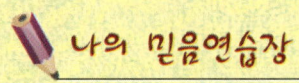

1. 지금 어떤 골리앗이 당신의 내면세계를 시끄럽게 하고 있는가?

   이런 괴물들과 맞닥뜨리면 보통 어떻게 반응하는가?

2. 하나님이 당신에게 보내신 요나단은 누구인가? 자세히 묘사해 보라.

3. 생각할 때마다 고통스러운 상처가 있는가? 좀처럼 거기서 헤어나지 못하도록 발목을 붙잡고 있는 가장 큰 힘은 무엇인가?

4. 이번 주간 동안 주님이 어떤 관심과 사랑을 아낌없이 베풀어 주셨는지 기록해 보라.

5. 디모데후서 4장 16-18절을 읽으라. 어떤 친구가 인생에 마지막 시기에 이르기까지 바울과 함께 있었는가?

누가 바울의 곁을 지켜 주었는가?

그러한 우정은 어떤 점에서 바울에게 힘과 격려가 되었는가?

당신을 위한 다윗의 전략노트

요나단은 다윗으로 하여금 "하나님을 힘있게 의지하게" 했다. 다른 이들의 속사람이 잘 자라나도록 돕는 것이야말로 영적으로 성장하는 가장 좋은 방법 가운데 하나이다. 지금 당장 격려해 주어야 할 이가 있는지 생각해 보라. 먼저 손을 내밀라. 상대방이 "하나님을 힘있게 의지하게" 하기 위해 할 수 있는 모든 일을 다 하라. 진실한 자세로, 마음을 다해, 섬세하게 처리하라.

물러서지 말라 *Facing Your Giants*

믿음연습 04
영적 에너지를 충전한다

> 하나님은 마지막 날, 심판대에 선 교회를 향해 몇 가지 계명을 어겼느냐가 아니라, 얼마나 자주 다윗처럼 절망적인 상황에 빠진 이들에게 음식과 무기를 베풀었느냐를 물으실 것이다.

절망감에 잠긴 한 사내가 모임이 한창인 교회 한 귀퉁이에 앉아 있다. 입술은 바짝바짝 타 들어간다. 움켜쥔 주먹에는 땀이 흥건하다. 온몸이 굳어 버린 듯, 미동도 없다. 오지 말아야 할 곳에 왔다는 느낌이 들지만, 그렇다고 딱히 갈 만한 데가 있는 것도 아니다.

그는 소중하게 여기던 원칙들을 모조리 저 버렸다. 사랑하는 이들에게 상처를 주었다. 절대로 넘지 않겠다고 맹세한 선을 넘고 말았다. 그리고 오늘, 주일예배에 참석하고 있는 참이다. 아까부터 생각은 한 자리를 맴돈다. '교인들이 어젯밤 내가 한 짓거리를 죄다 알게 되면 어떡하지?' 죄책감이 내리누르고, 너무 무섭다. 지금껏 이토록 외로운 적이 없었다.

그는 무슨 죄를 지었을까? 알코올, 또는 마약중독자? 상습 절도범일지도 모른다. 아이들을 대상으로 성폭행을 저지른 파렴치범인가? 아내의 눈을 피해 불륜을 저질렀을 수도 있다. 꼭 사내라고 장담할 수는 없다. 아직 학교도 졸업하지 않은 상태에서 아이를 갖고 혼란스러워하는 여자아이일 수도 있다. 아무튼 그 사람은 절망에 빠져 무기력한 상태에서 하나님의 백성 앞에 나온 수많은 이들 가운데 하나일 것이다.

교인들은 어떻게 반응할까? 비난할까, 동정할까? 거부할까, 용납할까? 눈살을 찌푸릴까, 두 팔을 활짝 벌려 포용할까?

절망의 뿌리를 뽑는 법

다윗도 똑같은 고민을 했다. 그는 사울이 지명수배령을 내리는 바람에 줄행랑을 치는 중이다. 한바탕 꿈을 꾸고 있는 것 같다. 불과 두세 해 전만 하더라도 베들레헴에서 평화로이 양을 치고 있었다. 조용히 잠든 양들을 들여다보던 그 시절이 좋았다.

어느 날, 노 선지자 사무엘이 기름이 가득 든 뿔을 들고 찾아왔다. 기름이 온 몸을 적시는 순간, 성령님이 충만하게 임하셨다. 이후 양을 재우던 다윗은 사울의 심령을 잠재우는 일을 하게 됐다. 존재감이 없던 이새의 막내아들에서 난세의 이스라엘을 풍미할 잘생기고 겸손한 영웅으로 사람들의 입에 오르내리게 된 것이다. 적들은 다윗을 두려워했고, 요나단은 그를 사랑했다. 미갈은 그와 결혼했다. 하지만 사울은 그를 증오했다.

여섯 번째 암살기도를 모면한 뒤에야 비로소 다윗은 상황을 파악했다. '사울 왕은 나를 좋아하지 않는구나.' 아내와 정들었던 궁전 풍경에 작별을 고하고 길고도 먼 도망길에 나섰다. 일단 궁전을 빠져나오기는 했지만 어디로 가야 할지 막막하기만 하다. 베들레헴으로 돌아가서 가족들까지 위기에 빠뜨려야 하나? 아니면 위험을 무릅쓰고 적진으로 넘어가야 할까? 대안은 되겠지만 최선책은 아닌 것 같다. 당장은 다른 은신처를 찾아야 했기에 교회를 찾아간다. "다윗이 놉에 가서 제사장 아히멜렉에게 이르니"(삼상 21:1).

학자들이 지목하는 바에 따르면, 고대도시 놉의 위치는 예루살렘에서 고작 1.5킬로미터 정도 떨어진 언덕배기 즈음이었다. 엘리 제사장의 증손자 아히멜렉은 거기서 쇠락해 가는 수도원 하나를 이끌고 있었다. 무려 85명이나 되는 제사장들이 몰려들었던 까닭에, 세간에서는 놉을 '제사장들의 성읍'(삼상 22:19)이라고 불렀다. 다윗은 적들을 피할 은신처를 찾아 이 작은 마을로 숨어들었다.

누구라도 그랬겠지만, 제사장 역시 더럭 겁이 났다. 성경에는 "아히멜렉이 떨며 다윗을 영접"(삼상 21:1)했다고 기록되어 있다. 다윗은 거짓말로 제사장을 안심시킨다.

"다윗이 아히멜렉 제사장에게 대답했습니다. '왕께서 내게 임무를 주시며 아무도 네 임무와 지시 받은 사항을 알지 못하게 하여라, 라고 하셨습니다. 군사들에게는 내가 말해 둔 곳에서 만나자고 말해 두었습니다. 그런데 혹시 무얼 가지신 것이 있습니까? 빵 다섯 덩이만 주십시오. 없으면 있는 것만이라도 좋습니다'"(삼상 21:2-3, 우리말성경).

절박한 상황에 맞닥뜨린 다윗은 서슴없이 거짓말을 한다. 놀랍지 않은가? 그때까지 그는 아무런 흠결이 없었다. 형들의 비난을 받으면서도 그는 침착했다. 골리앗이 고함을 질러 대도 떨지 않았다. 평정을 잃고 날뛰는 사울 앞에서도 평온을 유지했다.

하지만 지금은 학생주임 앞에 불려간 아이처럼 거짓말을 한다. 사울은 그에게 임무를 주어 파견한 적이 없다. 억울한 노릇이긴 하지만, 죄인으로 왕의 추격을 받고 있는 게 지금 그의 현실이다. 다윗은 그걸 감췄다.

다행히 제사장은 다윗을 의심하지 않는다. 의혹을 품을 만한 이유가 전혀 없기 때문이다. 하지만 다윗에게 줄 게 마땅치 않다. 빵이 있기는 했지만, 일반 음식이 아니라 거룩하신 하나님께 드렸던 성물이었다. 안식일마다 제사장은 주께 바치는 제물로 밀가루 빵 열두 덩어리를 제단에 올렸다. 그렇게 일주일 동안 단상에 두었다가 거두어 먹었다. 그것도 오직 제사장만이 누릴 수 있는 특권이었다. 아히멜렉은 수중에 지닌 게 그것뿐이라며 난처한 표정을 지었다.

다윗은 성직자가 아니고, 음식이라곤 제단에서 방금 물린 빵이 전부이다. 제사장은 어떻게 해야 할까? 율법을 어기고 빵을 나눠 주어야 할까? 굶주린 다윗을 외면하고 빵을 지켜야 할까? 아히멜렉은 빠져나갈 구멍을 궁리한다. "항용 떡은 내 수중에 없으나 거룩한 떡은

있나니 그 소년들이 부녀를 가까이만 아니하였으면 주리라"(삼상 21:4).

아히멜렉은 다윗의 행실에 하자가 없는지 알고 싶어 한다. 빵 냄새에 혹한 탓이었을까? 다윗은 또다시 거짓말을 하고 만다. 여자라곤 본 적도 없는데 어떻게 손을 댈 수가 있었겠느냐며 시치미를 뗀다. 그리곤 거룩한 빵 쪽으로 얘기를 몰아간다. 다윗은 제사장의 어깨에 팔을 두르고 제단 쪽으로 걸어가며 말한다. "보통 여행이라도 소년들의 그릇이 성결하겠거든 하물며 오늘날 그들의 그릇이 성결치 아니하겠나이까"(삼상 21:5). 다윗은 성물이라 할지라도 어차피 밀가루를 주물러 화덕에서 구워 낸 빵에 불과하지 않겠느냐고 합리화한다.

"다 똑같은 빵이지 다를 게 뭐 있겠어요. 안 그래요?"

지금 다윗이 무슨 짓을 하고 있는 것인가? 거짓말이 막힘 없이 술술 흘러나온다. 성경말씀을 살짝 변조해 가며 제사장을 구워삶고 있다. 일은 뜻대로 풀리고, 드디어 제사장이 거룩한 빵을 내왔다. "여호와 앞에 차려 놓았던 진설병밖에는 다른 빵이 없었기 때문이었습니다. 이 빵은 그날 따뜻한 빵을 올려놓으면서 물려낸 것이었습니다"(삼상 21:6, 우리말성경).

주릴 대로 주린 다윗은 게걸스럽게 음식을 먹어치운다. 아히멜렉도 나란히 앉아 빵을 뜯는다. 그러면서도 속으로는 잘한 건가 싶어 생각이 많아진다. '율법을 잘못 적용한 건 아니겠지? 율례를 아예 저버린 행동이었을까? 모든 법을 초월하는 명령에 순종했던 걸까?' 이윽고 제사장은 주린 배만큼 중요한 게 또 어디 있겠느냐고 결론을 내린다. 하나님의 법을 소중하게 여기는 대신 거룩한 자녀의 필요를 채우는 쪽을 선택한 것이다.

그렇다면 다윗은 아히멜렉의 호의에 어떻게 보답했을까? 역시나 또 다른 거짓말이었다. "여기 당신의 수중에 창이나 칼이 없나이까 왕의 일이 급하므로 내가 내 칼과 병기를 가지지 못하였나이다"(삼상 21:8).

다윗의 신앙이 흔들리고 있다. 얼마 전만 하더라도 목동들이 즐겨 쓰는 물매만 있으면 아쉬울 게 없었다. 사울의 갑옷과 칼을 마다한 게 엊그제 같은데, 이제는 제사장에게 무기를 달라고 요청하고 있다. 한때 온 이스라엘을 열광하게 했던 영웅에게 무슨 일이 일어난 것인가?

다윗은 하나님께 집중하는 시각을 놓치고 말았다. 지금 다윗의 마음 속 스크린에는 골리앗의 모습만 어른거린다. 결국 절망이 뿌리를 내렸다. 거짓이 알을 낳았다. 두려움이 부글거리며 끓어오른다. 체념이 진리를 덮어 버렸다. 더 이상 숨을 곳이 없고, 먹을 것도 없다. 사용할 수 있는 자원이 다 떨어져 버렸다. 임신한 십대, 이혼당한 사십 대, 병들어 누운 노인 같다.

그렇다면 절망에 빠진 이들은 어디로 가야 할까? 하나님의 성전, 교회로 달려가야 한다. 그리고 아히멜렉을 찾아라. 절망에 빠진 영혼

1단계_물러서지 말라

을 돌봐줄 만한 인물을 만나라. 아히멜렉은 갑자기 찾아온 손님에게 빵을 주었다. 허기를 면하자 다윗은 이제 칼을 요구한다. 성전에 있는 무기라곤 기념물로 보관하고 있는 골리앗의 칼뿐이다. 지난날 소년 목동이 거인의 목을 칠 때 썼던 바로 그 검이다. 이탈리아 플로렌스에 있는 아카데미아 갤러리가 미켈란젤로의 다윗 상을 진열하는 것처럼 제사장은 골리앗의 장검을 자랑스럽게 전시해 두고 있었다.

다윗은 반색을 한다. "그만한 것이 어디에 또 있겠습니까?" 잔뜩 굶주린 채 칼 한 자루 없이 성전에 들이닥쳤던 사나이는 배가 터지도록 먹고 거인의 무기까지 챙겨 들고 떠났다. 작가이자 목회자인 유진 피터슨(Eugene Peterson)은 이런 식의 주고받기를 교회의 주요한 기능으로 보았다. "다윗에게 그랬던 것처럼 내게도 성전은 하루를 살아갈 빵과 힘, 칼과 갖가지 무기를 얻는 자리다."[주1]

올바른 자리에서 쓰러지라

교회는 영적으로 주린 이들에게 자양분을 제공한다.

"내가 확신하노니 사망이나 생명이나 천사들이나 권세자들이나 현재 일이나 장래 일이나 능력이나 높음이나 깊음이나 다른 아무 피조물이라도 우리를 우리 주 그리스도 예수 안에 있는 하나님의 사랑에서 끊을 수 없으리라"(롬 8:38-39).

도망자에게는 진리의 무기를 공급한다.

"우리가 알거니와 하나님을 사랑하는 자 곧 그 뜻대로 부르심을 입은 자들에게는 모든 것이 합력하여 선을 이루느니라"(롬 8:28).

빵과 검, 음식과 무기. 교회는 양쪽 모두를 공급하기 위해 존재한다. 그럼 교회가 그 역할을 잘 감당하고 있는가? 언제나 그런 건 아니다. 누군가를 돕는다는 건 간단한 일이 아니다. 도움이 필요한 이들은 복잡한 삶을 살고 있게 마련이다. 십중팔구는 도망자 신분으로 교회에 들어선다. 사울의 분노로부터 벗어나기 위해, 때로는 누군가의 잘못된 결정을 피해 은신처를 찾는다. 지도자, 교사, 목회자 등 아히멜렉처럼 교회를 이끄는 이들은 흑백논리에서 벗어나 회색지대를 마련해두고 있어야 한다. 옳고 그름을 가리기에 앞서 양쪽 모두를 포용할 줄 알아야 한다.

그리스도는 교회를 향하여 줄곧 온 세상을 긍휼히 여기라고 당부하신다. 천년의 세월이 흘렀지만, 다윗의 아들 예수는 아히멜렉의 유연성을 정확하게 기억하고 있었던 것이다.

> 그때에 예수께서 안식일에 밀밭 사이로 가실째 제자들이 시장하여 이삭을 잘라 먹으니 바리새인들이 보고 예수께 고하되 보시오 당신의 제자들이 안식일에 하지 못할 일을 하나이다 예수께서 가라사대 다윗이 자기와 그 함께한 자들이 시장할 때에 한 일을 읽지 못하였느냐 그가 하나님의 전에 들어가서 제사장 외에는 자기나 그 함께한 자들이 먹지 못하는 진설병을 먹지 아니하였느냐 또 안식일에 제사장들이 성전 안에서 안식을 범하여도 죄가 없음

을 너희가 율법에서 읽지 못하였느냐(마 12:1-5).

하나님은 마지막 날, 심판대에 선 교회를 향해 몇 가지 계명을 어겼느냐가 아니라, 얼마나 자주 다윗처럼 절망적인 상황에 빠진 이들에게 음식과 무기를 베풀었느냐를 물으실 것이다. 그 옛날 아히멜렉은 계명을 문자적으로 적용하지 않고 그 정신을 좇았다. 다윗은 절박한 처지에 있는 이들을 위해 하나님의 백성들에게 가서 도움을 구하라고 충고한다. 본문에서 다윗은 실족해 넘어졌다. 구석에 몰린 이들일수록 그러기 쉽다. 하지만 올바른 자리를 찾아 쓰러졌다. 하나님이 무력한 인생을 어루만져 주시는 곳, 바로 주님의 거룩한 성전으로 달아났던 것이다.

이제 이야기를 시작했던 첫 장면으로 돌아가 보자. 교회 모임이 열리는 자리에 흐트러진 매무새로 숨도 못 쉬고 앉아 있던 남자를 기억하는가? 그 자리는 아주 작은 모임이었다. 열두엇이 한데 모여 서로에게 기대는 자리였다. 회합 장소는 예루살렘의 어느 다락방으로, 그 날은 주일이었다. 이틀 전 금요일에는 십자가 처형이 있었고, 목요일에는 한 제자가 스승을 배신했다. 그렇다. 낙심한 제자들이 모인 교회였다.

베드로는 두 손으로 귀를 틀어막은 채 구석에 웅크리고 앉아 있다. 마음속에선 제 입으로 토해 냈던 공허한 약속이 쉴 새 없이 메아리친다. '주님을 위해 죽겠습니다'(눅 22:33) 하고 맹세했던 게 고작 며칠 전이었다. 베드로의 용기는 한밤중 대제사장의 집 안뜰을 밝히던 모닥불 앞에서 흐물흐물 녹아내리고 말았다. 너무 두려워 어쩔 수가 없었다. 이제 베드로를 비롯해서 사방팔방으로 도망쳤던 제자들은 한자리에 모여 앉아 장차 어떻게 될지 궁금해하는 참이다. 순간, 예수님이 문으로 들어오셔서 문제를 해결해 주셨다. 주님은 제자들의 주린 심령을 채우셨다. "너희에게 평강이 있을찌어다"(요 20:19). 세상과 싸워 이길 수 있도록 칼을 챙겨 주셨다. "성령을 받으라"(요 20:22).

빵과 칼. 절망에 빠진 제자들에게 주님은 그 두 가지를 모두 주셨다. 그리고 지금도 여전히 똑같은 일을 하고 계신다.

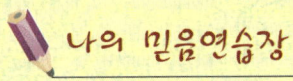 나의 믿음연습장

1. 보통 어떤 요인들이 하나님께 집중하는 당신의 시각을 흐트러뜨리는가?

2. 자신의 교회를 생각해 보라. 갈급해하는 이들에게 어떻게 '빵'과 '칼'을 제공하고 있는가?

   그런 공급 과정에서 어떤 역할을 맡고 있는가?

3. 지난날, 실족해서 넘어졌을 때 하나님이 어떻게 어루만져 주셨는가?

   주위에 실족해서 넘어져 있는 이들이 있는가? 반드시 돌보아주어야 할 이들을 생각나는 대로 꼽아 보라.

4. 요한복음 20장 19-22절을 읽으라. 예수님은 제자들의 두려움에 어떻게 반응하셨는가?

예수님은 제자들에게 어떤 사명을 주셨는가?

사명을 완수할 수 있도록 주님은 어떤 권능을 제자들에게 허락하셨는가?

{ **당신을 위한 다윗의 전략노트**

어려운 처지에 빠진 누군가에게 음식과 무기를 제공하는 일은 그리스도가 세우신 교회의 구성원으로서 누리는 특권이다. 교인들의 면면을 떠올려 보라. 기본적인 필요를 채우지 못하고 있는 이들이 있는가? 이번 주에는 그런 이들에게 도움의 손길을 내밀라.

대저 하나님께로서 난 자마다 세상을 이기느니라
세상을 이긴 이김은 이것이니 우리의 믿음이니라

* * *

For everyone born of God overcomes the world.
This is the victory that
has overcome the world, even our faith

(요일 5:4)

2단계 문제를 즐기라
믿음은 벼랑 끝에서도 노래하는 것이다

힘들수록 하나님의 품을 파고든다 _ 믿음연습 05
용서하고 전진한다 _ 믿음연습 06
마음의 분노를 해독한다 _ 믿음연습 07
1퍼센트 더 노력한다 _ 믿음연습 08

문제를 즐기라 *Facing Your Giants*

믿음연습 05
힘들수록 하나님의 품을 파고든다

일이나 배우자, 명예, 예금통장 대신 하늘 아버지의 품에 안기라.
창조주께 햇볕을 가려주는 천장, 바람을 막아 주는 벽,
흔들리지 않는 토대가 되어 주시길 간절히 청하라.

사해는 죽어 있다. 일 년에 30센티미터 꼴로 조금씩 수위가 낮아진다. 요단강을 통해 갈릴리 호수의 담수(메시야가 세례를 받았을 정도로 깨끗하다)가 흘러 들어가지만, 황폐해지는 걸 막지는 못한다. 하루하루 탁해지고 산화돼서 짜디짠 공동묘지에 가깝게 변했다.

아무리 뒤져도 생명체를 찾기가 어렵다. 아무것도 살 수 없기는 주변도 마찬가지이다. 서쪽으로는 깎아지른 듯한 벼랑이 서 있다. 해발 600미터쯤 되는 절벽 위에 다시 평지가 펼쳐진다. 오랜 세월에 걸친 침식작용 탓에 곳곳에 동굴이 뚫리고 긴 홈이 생겼으며 드문드문 계곡이 패였다. 하이에나와 도마뱀, 말똥가리, 그리고 우리의 주인공 다윗이 거기에 깃들어 산다.

거기가 좋아 자리를 잡은 게 아님은 두말할 것도 없다. 궁전과 황무지를 맞바꿀 얼간이가 어디 있겠는가? 열기와 빗줄기, 모래폭풍과 우박이 시도 때도 없이 사방에서 불어닥친다. 누구나 에어컨이 시원하게 돌아가는 침실과 안전하게 보호받을 수 있는 공간을 더 좋아한다. 하지만 살다 보면 선택의 여지가 없는 순간이 있다. 갑자기 불행이 닥쳐와 지붕을 날려 버린다. 난데없이 돌풍이 불어와서는 우리를 들어올려 광야 한복판에다 내팽개쳐 버린다. 여기서 광야는 바로 우리 마음에 품고 있는 황무지를 이르는 것이다.

마음의 엉킨 실타래를 풀고 싶다면

그때부터 비 한 방울 떨어지지 않는 메마른 시기가 이어진다. 우선 온 세상으로부터 고립된다. 사울은 안전을 보장해 주는 자원들로부터 다윗을 효과적이고 체계적으로 고립시켰다.

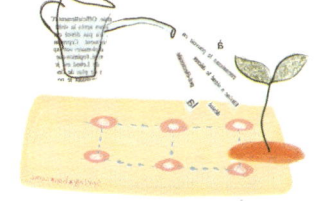

여섯 번씩이나 암살을 기도하는 과정에서 다윗의 군사적인 지위를 빼앗았다. 맹렬한 추격으로 가정을 파괴했다. 미갈이 남편의 탈주를 도왔다는 사실을 알고, 사울은 딸을 다그쳤다. 미갈은 어쩔 수 없었노라고 변명한다. "그가 내게 이르기를 나를 놓아 가게 하라 어찌하여 나로 너를 죽이게 하겠느냐 하더이다" (삼상 19:17). 그날 이후로 다윗은 아내를 믿지 않았다. 결혼생활을 유지하긴 했지만 나란히 잠자리에 들지 않았다.

다윗은 궁전에서 도망쳐 사무엘의 집으로 갔다. 하지만 문간에 들어서기가 무섭게 그 정보가 사울의 귀에 들어갔다. "다윗이 라마 나욧에 있더이다"(삼상 19:19).

다윗은 다시 마음을 나눈 벗, 요나단에게 달려갔다. 친구를 돕고 싶은 마음이 굴뚝같지만, 이런 상황에서 요나단이 과연 무얼 할 수 있겠는가? 미친 왕이 장악하고 있는 궁궐을 버리고 떠났을까? 아니다. 요나단은 아버지 사울 곁에 남았다. 다윗으로서는 생명선이 몇 가닥씩 끊어져 나가는 소리가 들리는 듯했다.

궁궐에서 쫓겨나고, 장수의 지위를 잃었다. 아내도 없고, 제사장도 없고, 친구도 없다. 할 수 있는 일이라곤 그저 도망치는 것뿐이다. 광야는 단절의 시작이며, 고립은 기만으로 이어진다. 다윗이 제사장의 도시 놉에서 어떤 거짓말을 했는지는 앞에서 이미 살펴보았다. 놉은 거룩한 성읍이었다. 하지만 다윗은 입만 열면 거짓을 일삼았으니 그는 전혀 거룩하지 않았다.

상황은 조금도 나아지지 않았다. 오히려 시간이 갈수록 악화됐다. 결국 다윗은 골리앗의 고향, 가드로 달아났다. 공동의 적을 가진 이들은 누구나 친구라는 논리로 접근했다. "사울은 너희들의 원수지? 사울은 내 적이기도 해. 그러니까 우리는 친구야. 안 그래?"

그런데 이번에는 꼼수가 먹혀들질 않는다. 가드 족속들은 그에게 호의적이지 않았다. "이는 그 땅의 왕 다윗이 아니니이까 무리가 춤추며 이 사람의 일을 창화하여 가로되 사울의 죽인 자는 천천이요 다윗은 만만이로다 하지 아니하였나이까"(삼상 21:11).

다윗은 미칠 것만 같다. 이리떼에 둘러싸인 채 갈팡질팡하는 한 마리 양이 된 듯한 느낌이다. 몸집 큰 전사들이 줄줄이 늘어서서는 매서운 눈초리로 쏘아본다. 전사들이 들고 선 창끝이 하늘을 찌른다. 독자들은 이 대목에서 선한 목자를 향해 기도하는 다윗의 목소리를 듣고 싶어 한다. 주님의 권능을 선포하는 외침을 기대한다. 하지만 헛된 기다림이다. 다윗은 하나님을 바라보지 않는다. 오직 문제에만 매달려 제 힘으로 엉킨 실타래를 풀어 보려고 덤빌 뿐이다.

성문을 긁어 대고 수염 위로 침을 질질 흘리면서 넋이 나간 척을 한다. 마침내 가드 족속의 왕이 신하들에게 말한다. "너희도 보거니와 이 사람이 미치광이로다 어찌하여 그를 내게로 데려왔느냐 내게 미치광이가 부족하여서 너희가 이 자를 데려다가 내 앞에서 미친짓을 하게 하느냐 이 자가 어찌 내 집에 들어오겠느냐 하니라 그러므로 다윗이 그곳을 떠나 아둘람 굴로 도망하매"(삼상 21:14-22:1).

이런 다윗의 모습을 상상이나 할 수 있는가? 퀭한 눈에 온 몸을 덜덜 떤다. 무슨 말인가 중얼거리며 진창을 뒹군다. 울다가 웃다가 종잡을 수가 없다. 침을 흘리고, 몸을 흔들고, 거품을 문다. 마치 발작을 일으킨 것 같다.

블레셋 사람들은 다곤 신의 악령에 사로잡히면 남자들은 생식 능력이 없어지고, 여성들은 불임 상태에 빠지며, 아이들은 목숨을 잃고, 동물들은 먹은 걸 토하게 되는데, 다윗이 보이는 증세 역시 같은 이유라고 생각했다. 간질환자가 피 한 방울을 흘릴 때마다 악령 하나가 새로 태어난다고 믿고 두려워하던 이들은, 누군가 발작을 일으키면 즉시 마을에서 쫓아내 버렸다. 광야를 헤매다가 죽게 하려는 속셈이었던 것이다.주1 다윗에게도 똑같은 처분이 내려졌다. 정처 없이 떠돌아다니도록 다윗을 성문 밖으로 쫓아내 버린 것이다.

이제는 사울의 궁전으로도, 미갈의 집으로도, 사무엘이 있는 성전이나 놉의 은신처로도 갈 수 없다. 선택의 여지가 전혀 없다. 다윗은 사막, 또는 광야를 향해 발길을 돌린다. 험한 골짜기 너머로 사해가 보인다. 얼마나 시간이 흘렀을까? 동굴이 하나 눈에 들어온다. 아둘람 굴이다. 햇볕이 들지 않고, 조용하며, 안전하다. 시원한 흙에 몸을 눕히고 눈을 감는다. 그렇게 무려 10년이나 이어진 다윗의 광야 생활이 시작되었다.

다윗과 비슷한 사건이 삶 속에서 벌어지고 있는지 살펴보라. 당신의 지위를 빼앗고 사랑하는 가족과 단절시키는 자기만의 사울이 있는지 생각해 보라.

그때 당신은 장애물을 돌파하기 위해 진리에 기대는가? 아니면 사실을 왜곡하기에 바쁜가? 혹시 가드에 가서 피난처를 구하고 있지는 않은가? 물론 정상적인 상황에서라면 그쪽으로 고개도 돌리지 않았을 것이다. 하지만 지금은 비상시국이다. 그래서 자신도 모르게 어느새 거인의 땅을 어슬렁거리고 있을지도 모를 일이다. 그렇게 문제가 시작된다.

곳곳에 덫과 장애물이 도사리고 있다. 어두컴컴한 뒷골목을 걸으며 수상쩍은 가게들을 기웃거린다. 적어도 그 거리에 있는 동안은 누구나 미치광이이다. 그러기에 어딜 가든 환영받는다. 스트레스 때문에 괴로워할 일도 없고, 성질은 점점 사나워만 진다. 아침이면 사해 인근 한 동굴에서 눈을 뜬다. 인생의 막장, 아둘람 석굴이다. 오만 잡동사니가 머리에 가득 찬 듯 멍한 기분이다. 메마르고, 거칠고, 인적이 끊어진 미래를 내다보며 중얼거린다.

"내가 지금 뭘 하고 있는 거지?"

바람을 막아 주는 벽에 기대라

다윗을 스승으로 삼으라. 얼마 동안 미친 사람처럼 굴었던 건 사실이다. 하지만 아둘람 굴에 머물면서 정신을 수습하고 신실한 목동으로 돌아가 다시금 문제와 정면으로 맞선다. 거인을 때려잡은 소년 용사가 보여 주었던 용기를 되찾는다. 목에는 현상금이 걸려 있고 머리 둘 곳이 없는 처지이지만 그건 더 이상 아무런 문제도 되지 않는다. 아직 살아 있지 않은가? 이제야 다윗은 다시 하나님을 바라보며 주님에게서 은신처를 찾는다.

'피난처'는 다윗이 가장 좋아하는 말 가운데 하나이다. 시편을 펴고 은신처나 피난처라는 말이 나올 때마다 동그라미를 쳐 보라. 적어도 마흔 번은 나올 것이다. 그 가운데에서도 시편 57편은 단연 돋보인다. '다윗이 사울을 피하여 굴에 있던 때에'라는 표제만 봐도 본문의

배경을 단박에 알 수 있다.

어두컴컴한 굴 속에 앉아 있는 이새의 아들을 그려 보라. 무릎을 꿇고 있는가? 어쩌면 얼굴을 땅바닥에 대고 있을 수도 있다. 아무튼 그대로 그림자처럼 꼼짝 않고 깊은 생각에 잠겨 있다. 세상천지 어디에도 갈 데가 없다. 고향집으로 갔다가는 온 식구가 위험해진다. 성전에 몸을 기댈 수도 없다. 당장 제사장들이 위태로워질 테니 말이다. 사울은 여전히 잡아 죽이겠다며 이를 갈고 있다. 그렇다고 골리앗의 땅 가드에서 받아 줄 리는 만무하다. 성전에서는 거짓말을 했고 블레셋 족속 앞에서는 미친 척을 했다. 그래서 결국 여기까지 왔다. 그리고 혼자 남았다. 하지만 머지않아 다윗은 기억해 냈다. 그는 혼자가 아니었다. 외롭게 버려지지도 않았다. 깨달음과 동시에 동굴 속 후미진 구석에서 감미로운 노래가 퍼져 나가기 시작했다.

하나님이여 나를 긍휼히 여기시고
나를 긍휼히 여기소서
내 영혼이 주께로 피하되
주의 날개 그늘 아래서 이 재앙이 지나기까지 피하리이다
(시 57:1).

하나님을 피난처로 삼으라. 일이나 배우자, 명예나 예금통장은 아무 소용없다. 주님에게 가서 몸을 의탁하라. 사울이 아니라 하늘 아버

지의 품에 안기라. 창조주께 햇볕을 가려 주는 천장, 바람을 막아 주는 벽, 흔들리지 않는 토대가 되어 주시길 간절히 청하라.

광야에서 노래하라

얼마 전, 동굴에 숨어 지내는 이가 우리 교회에 찾아온 적이 있었다. 온 몸에서 아둘람 굴의 냄새가 났다. 아내를 묻고 돌아온 직후라고 했다. 거기다 딸아이까지 하루하루 병이 심해지고 있다며 슬픈 목소리로 말했다. 그렇게 척박한 광야에서 그는 하나님을 만났다. 그 친구가 들려준 이야기가 어찌나 감동적이던지 내 성경책 앞장에 베껴 두었다. "예수님 말고는 가진 게 없는 상태가 될 때까지는 그분이 삶의 전부라는 사실을 결코 깨닫지 못할 겁니다."

광야에서 살아남은 생존자들은 하나님의 임재 안에서 피난처를 찾았다. 그리고 거룩한 백성들 사이에서 더불어 살아갈 공동체를 발견했다.

"그러므로 다윗이 그곳을 떠나 아둘람 굴로 도망하매 그 형제와 아비의 온 집이 듣고는 그리로 내려가서 그에게 이르렀고 환난 당한 모든 자와 빚진 자와 마음이 원통한 자가 다 그에게로 모였고 그는 그 장관이 되었는데 그와 함께한 자가 사백 명 가량이었더라"(삼상 22:1-2).

내로라하는 걸출한 인물들이 아니었다. 어려움을 겪는 이들, 빚더미를 짊어진 채무자 등 사회 부적응자들로 구성된 오합지졸이었다. 더러는 인간쓰레기 취급을 받는 이들도 있었다. 세상에서 버림받고 가진 걸 모두 잃어버린 낙오자들이었다. 마치 교회를 보는 것 같지 않은가? 지치고, 빚에 쫓기고, 매사에 만족이 없는 게 바로 우리들의 모습이 아니던가?

> 형제들이여, 여러분의 부르심을 생각해 보십시오. 육신적으로 지혜 있는 사람이 많지 않고 능력 있는 사람도 많지 않고 가문 좋은 사람도 많지 않습니다. 그러나 하나님께서는 지혜로운 사람들을 부끄럽게 하시려고 세상의 어리석은 것들을 택하셨고 강한 것들을 부끄럽게 하시려고 세상의 약한 것들을 택하셨습니다. 또한 하나님께서는 잘난 체하는 것들을 없애시려고 세상의 천한 것들과 멸시받는 것들과 아무것도 아닌 것들을 택하셨습니다 (고전 1:26-28, 우리말성경).

한때 동굴에 살았던 이들이 모인 교회일수록 튼튼하다. 그들은 저마다 아둘람 굴이 어떤 곳인지 환하게 꿰고 있다. 더러는 놉에서 거짓말을 해본 적도 있다. 가드에서 미친 척도 해봤다. 자신의  과거가 어땠는지 모두들 생생히 기억한다. 그러기에 다윗을 흉내 낼 여유가 있고, 더불어 비슷한 이들이 교회에 와 편안히 깃들일 여지를 남겨 둘 줄 안다.

다윗은 이들을 외면하지 않았다. 다윗이 어떤 인물인가? 종교지도자 감은 아니었지만, 주류에서 밀려난 인간들의 마음을 끌 만한 존재는 되었다. 덕분에 하나님을 갈구하는 부적응자들의 공동체를 세울 수 있었다. 주님은 그런 변두리인간형들을 녹여서 강력한 집단을 만드셨다. "사람이 날마다 다윗에게로 돌아와서 돕고자 하매 큰 군대를 이루어 하나님의 군대와 같았더라"(대상 12:22).

가드 → 광야 → 아둘람 굴
미친 짓 → 외로움 → 회복

다윗은 이 세 과정을 모두 거쳤고, 잘 이겨 냈다. 휫 크리스웰(Whit Criswell)도 다윗과 똑같은 단계를 거쳤다. 켄터키 주에서 태어난 이 남자는 그리스도인 가정에서 성장했으며, 젊었을 때는 교회 직원으로 일했다. 하지만 도박에 손을 대면서 인생이 달라졌다. 월급을 받기가 무섭게 도박판으로 달려갔다. 하지만 딸 때보다 잃을 때가 훨씬 많았다. 도박에 정신이 팔려 야금야금 빌려 쓴 돈이 도저히 갚을 수 없을 만큼 커졌다. 결국 크리스웰은 자신이 일하는 은행에서 돈을 훔치고 말았다. 드디어 가드의 시민권을 얻게 된 것이다.

얼마 뒤, 은행관리자가 잔고에 문제가 있음을 알아채고 경찰에 신고했다. 조사 받으러 가기 전날 밤, 크리스웰은 좀체 잠을 이룰 수가 없었다. 고민 끝에 유다의 뒤를 따르기로 했다. 아내에게 유서를 남기고 차를 몰아 교외로 나갔다. 한적한 곳에 차를 세우고 총을 꺼내 관자놀이에 들이댔다. 하지만 도저히 방아쇠를 당길 수가 없었다. 창문을 열고 밖을 향해 몇 차례 연습 사격을 했다. 그리곤 다시 총구를 이마에 대고 중얼거렸다. "당기라고, 당겨! 이 멍청아! 너는 죽어 마땅한 놈이야!"

그래도 용기가 나지 않았다. 지옥에 갈 거라는 두려움 때문에 도저히 스스로 목숨을 끊을 수가 없었다.

그렇게 새벽까지 씨름을 하다가 만신창이가 돼 집으로 돌아왔다. 유서를 발견한 가족들은 벌써 경찰에 전화를 해놓은 상태였다. 아내는 집으로 들어서는 남편을 와락 껴안았다. 경찰관이 수갑을 채워 연행했다. 크리스웰은 말할 수 없이 부끄러웠지만 동시에 한없는 자유를 맛보았다. 식구들과 이웃이 보는 앞에서 체포됐으니 창피한 거야 더 말해 무엇하겠는가? 그러나 거짓의 사슬에서 벗어났다는 사실만으로도 자유를 얻은 듯 홀가분했다. 더 이상 남을 속일 필요가 없게 된 것이다.

휫 크리스웰의 아굴람 굴은 감방이었다. 그는 거기서 정신을 수습하고 신앙을 회복했다. 출소한 뒤에는 지역교회 일을 도왔다. 지역교회에 보탬이 되는 일이면 무엇이든 가리지 않았다. 몇 년 뒤에는 교회의 정식 사역자가 되었다. 그리고 1998년, 인근 다른 교회에서 크리스웰을 담임목회자로 초빙했다. 지금 그 교회는 켄터키 지역에서 가장 빨리 성장하는 공동체 가운데 하나이다.[주2] 또 한 명의 다윗이 되살아난 것이다.

지금 광야를 헤매고 있는가? 도망자가 동굴로 기어들듯, 하나님의 품을 파고들어라. 하나님의 임재 가운데서 피난처를 찾으라. 주님의 백성들 가운데서 위안을 얻으라. 비극적인 경험과 갖가지 중독 증세, 온갖 재난에서 벗어날 수 있도록 하나님이 은혜의 선물로 주신 이들과 어울려 큰 기쁨을 누리라. 아둘람 교회에서 성도의 깊은 교제를 누려 보라. 그것이 바로 광야에서 살아남는 비결이다. 그렇게만 된다면 사막 한복판에서도 가장 달콤한 노래들을 써낼 수 있을 것이다.

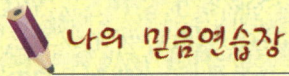 나의 믿음연습장

1. 당신의 지위를 빼앗고 사랑하는 가족과 단절시키는 자기만의 사울이 있는지 생각해 보라. 장애물을 돌파하기 위해서 진리에 기대는가, 아니면 사실을 왜곡하는 편인가?

   혹시 가드에 가서 피난처를 구하고 있는가? 비상시국이 닥칠 때마다 어떤 가드를 선택하는 편인가?

   무엇 때문에 거기를 어슬렁거리는가?

2. 지금까지 살아오는 동안 가진 게 예수님뿐이었던 적이 있었는가? 자세히 설명해 보라.

3. 고린도전서 1장 26-31절을 읽으라. 바울은 교회 구성원들이 주로 어떤 이들이라고 평가하는가?

그것이 중요한 까닭은 무엇인가?

하나님이 일꾼을 선택하는 기준은 무엇인가? 그들을 통해 무엇을 이루기를 원하시는가?

그리스도를 믿는 이들은 어떤 시각을 가져야 하는가?

{ 당신을 위한 다윗의 전략노트

위로가 절실한 처지이면서도 입을 꼭 다물고 아무에게도 요청하지 않는 이들이 있다. 혼자 고립된 채 외롭게 지내는 이들이 있는지 촉각을 곤두세우고 살펴보라. 점심을 같이 먹자고 청하든지 함께 산책을 나가는 것도 좋다. 무슨 메시지를 전하려 들지 말고 그저 곁에 있어 주라. 그리고 기도하라. 그런 노력들을 통해 상대방이 주님 안에서 피난처를 찾을 수 있도록 말이다.

문제를 즐기라 *Facing Your Giants*

믿음연습 06
용서하고 전진한다

복수는 하나님의 일이다. 원수를 주님의 거룩한 손에 맡기라.
그래야 적들과 똑같은 실수를 저지르지 않는다.
증오에 사로잡혀 세월을 허송하지 말라.

♥ 오클라호마시티 시민들은 가지가 삐죽삐죽 불규칙하게 뻗어 나가고 몸통에도 곳곳에 상처를 입은 8년생 느릅나무를 이 나무를 보려고 멀리서 관광객들이 찾아들고, 저마다 곁에 서서 사진을 찍느라 분주하다. 관리인은 정성을 기울여 나무를 보살핀다. 포스터나 편지지 장식에서도 자주 만나 볼 수 있다. 시에서 보잘것없는 나무 한 그루를 보물로 여기는 까닭은 그 생김새가 아니라 끈질긴 생명력 때문이다. 그 느릅나무는 오클라호마시티 연방청사 폭파사건을 견뎌 냈다.

티모시 맥베이(Timothy McVeigh)는 폭약을 잔뜩 실은 트럭을 나무에서 채 3미터도 떨어지지 않은 곳에 주차했다. 한 인간의 원한은 168명의 목숨을 앗아 갔고, 850명에게 부상을 입혔으며, 연방청사 건물을 잿더미로 만들었다. 나무 역시 건물 잔해에 깔려 버렸다. 아무도 느릅나무가 다시 살아나리라고 생각하지 않았다. 가지가 찢겨 나가고 먼지를 잔뜩 뒤집어쓴 나무에 누구도 신경을 쓰지 않았다.

그런데 죽은 줄 알았던 가지에서 싹이 트기 시작했다. 검댕을 헤치고 상처 입은 가지마다 새순이 비어져 올라왔다. 죽음의 대지에 생명이 되살아나고 있었다. 그제야 시민들도 나무의 존재를 알아차렸다. 그리고 언제부터인가 희생자들의 생명력을 대표하는 상징물로 여기게 됐다. 시민들은 느릅나무에 '소생의 나무'(Survivor Tree) 주1 라는 이름을 지어 주었다.

지금도 수많은 또 다른 티모시 맥베이들이 세상을 향해 돌을 던지고 있다. 여전히 무수한 이들에게 용서할 수 없는 상처를 입히고 사라지지 않는 흉터를 남긴다. 그래도 소생의 나무처럼 악을 뚫고 살아나길 바란다. 폐허를 헤치고 솟아나길 바란다.

성령으로 충만하라

다윗은 참으로 다양한 가르침을 준다. 사울이 맥베이처럼 공격해 들어오자 다윗은 광야로 달아나 사해 근처 동굴로 숨었다. 수백 명의 백성들이 그 뒤를 따랐다. 흥미롭게도 사울 역시 똑같은 과정을 밟는다. 광야에서 두 차례 극적인 상황을 맞은 다윗은 늘 슬픔과 고통을 안겨 주는 원수에게 어떻게 은혜를 베풀어야 하는지 좋은 본보기를 보여 준다.

첫 번째 장면을 살펴보자. 사울이 멈추라는 신호를 보내자, 3천 명에 이르는 병사들이 일제히 행군을 중단했다. 사울은 말에서 훌쩍 뛰어내려 산허리로 올라갔다. 엔게디는 불가마처럼 뜨거운 지역이다. 햇살이 단검처럼 병사들의 목덜미에 내리꽂힌다. 도마뱀들은 바위 그늘에 숨어 꼼짝도 하지 않고, 전갈은 햇볕을 피해 땅 속을 파고든다. 뱀들도 왕처럼 시원한 동굴 속으로 몸을 피한다.

사울은 '뒤를 보러'(삼상 24:3) 굴 안으로 들어간다. 밝은 곳에 있다 갑자기 캄캄한 굴로 들어선 터라, 눈이 무뎌져 벽에 찰싹 붙어 대기 중인 다윗의 군사들을 미처 보지 못한다. 반면에 미리 동굴에 숨어 있던 병사들은 상대편의 움직임을 낱낱이 파악하고 있다. 사울이 생리적인 욕구를 해결하느라 정신이 팔려 있는 동안 열두 개의 눈동자들이 번득이며 그 뒤를 좇는다. 손은 벌써 단검 손잡이에 가 있다. 칼 한 번 휘두르면 만사가 끝이다. 사울의 독재와 지겨운 도피 생활을 동시에 마감할 수 있다. 하지만 다윗은 부하들에게 뒤로 물러나라는 손짓을 한다. 그리곤 벽을 타고 다가가서 칼을 뽑는다. 목을 치려는 것일까? 아니다. 그저 살그머니 옷자락을 베어들더니 동굴 속 후미진 자리로 다시 살금살금 물러난다.

다윗의 용사들은 주군의 행동을 도저히 납득할 수가 없다. 하지만 다윗의 마음 한켠에 어쩐지 칼을 대서는 안 될 것 같은 느낌이 든다. 그 감정이 워낙 압도적이어서 부하들의 마음까지 헤아릴 여유가 없다. 병사들은 너무 너그러웠다고 생각하는 반면, 오히려 다윗은 너무

심했다는 마음이 앞선다. 옷자락 조금 자른 걸 가지고 자책하고 후회한다.

"그리한 후에 사울의 옷자락 벰을 인하여 다윗의 마음이 찔려 자기 사람들에게 이르되 내가 손을 들어 여호와의 기름 부음을 받은 내 주를 치는 것은 여호와의 금하시는 것이니 그는 여호와의 기름 부음을 받은 자가 됨이니라"(삼상 24:5-6).

사울은 아직 동굴 안에 있다. 다윗은 곧 뒤를 따라가 옷자락을 치켜들고 소리친다. 설명은 장황하지만 요약하자면 이런 얘기이다. "왕이시여, 당신을 죽일 수 있었지만 그러지 않았습니다!" 위를 올려다본 사울은 화들짝 놀란다. 그리곤 큰소리로 탄식한다. "사람이 그 원수를 만나면 그를 평안히 가게 하겠느냐"(삼상 24:19).

다윗은 그리했다. 적어도 한 번은 더 참아 준 것이다. 하지만 성경을 채 두 장을 넘기기도 전에 사울은 다시 생명의 은인을 추격하기 시작한다. 거기에 대응하는 이쪽의 움직임 또한 기민해진다. 무모할 만큼 용감한 다윗과 용사들은 상대가 깊은 잠에 빠져든 밤을 틈타 적진에 잠입한다. 저지선을 모두 뚫고 마침내 왕의 침상 앞까지 이르렀다. 사울은 코까지 골아 가며 단잠을 자고 있다. 용사들은 간청한다. "오늘 하나님께서 원수를 장군의 손에 넘겨주실 것입니다. 그를 제 창으로 단번에 땅에 꽂게 해 주십시오. 두 번 칠 필요도 없습니다"(삼상 26:8, 우리말성경).

그러나 다윗은 허락하지 않는다. 사울의 목숨을 거두는 대신, 창과

물병만을 챙겨서 소리 없이 진영을 빠져나온다. 안전한 거리를 확보했다 싶을 즈음, 고함을 쳐서 사울과 그 부하들을 깨운다. "여호와께서 오늘 당신을 내 손에 넘겨주셨지만 나는 여호와께서 기름 부으신 왕에게 손을 대지 않았습니다"(삼상 26:23, 우리말성경).

다윗은 이번에도 사울의 목숨을 빼앗지 않았다. 하나님의 영으로 충만한 마음을 다시 한 번 보여 준 것이다. 누가 다윗의 생각을 지배하는가? "여호와께서 각 사람에게 그 의와 신실을 갚으시리니 이는 여호와께서 오늘날 왕을 내 손에 붙이셨으되 … 여호와의 기름 부음을 받은 자 치기를 원치 아니하였음이니이다 … 여호와께서 중히 여기셔서"(삼상 26:23-24).

마음의 원칙을 새롭게 세우라

다윗을 보고 있노라면, 우리를 괴롭히는 존재들을 다시 한 번 생각하게 된다. 누구나 친구에게는 은혜를 베풀 수 있다. 하지만 마음을 아프게 만드는 이들을 너그럽게 포용하기란 쉽지 않다. 연이어 고통스러운 상황이 계속되는데도 과연 당신도 다윗처럼 할 수 있겠는가?

간혹 몸 안에 사랑을 생산해 내는 장기가 따로 붙어 있는 것처럼 보이는 이들이 있다. 그들에게는 언제나 용납하는 마음이 샘솟는다. 어떠한 경우에도 원한을 품거나 상처를 되새김질하지 않는다. 하지만 대부분의 평범한 사람들은 저마다의 사울을 받아들이기가 너무나 어렵다.

한번 상처를 입히고 사라진 상대는 누구나 용서할 수 있다. 얌체처럼 새치기를 하던 아저씨, 맞선 자리에 연락도 없이 안 나온 여자, 심지어 지갑을 훔쳐 간 소매치기까지도 그냥 눈감아줄 수 있다. 하지만 심각한 잘못은 얘기가 다르다. 똑같은 짓을 수없이 되풀이해 가며 상처를 입히면 어떻게 해야 할까? 젊음을, 안락한 노년을, 건강을 빼앗아 간 사울을 과연 용납할 수 있을까?

그렇게 악독한 짓을 저지른 불한당이 그늘을 찾아 동굴로 기어들었다. 코앞에 누워 깊은 잠에 빠져 있다. 그 모습을 보면서 다윗처럼 행동할 수 있겠는가? 치명적인 상처를 입힌 천하에 악한을 용서할 수 있겠는가? 너그럽게 용서하지 못하면 돌이킬 수 없는 상황이 벌어질지도 모른다. "분노가 미련한 자를 죽이고 시기가 어리석은 자를 멸하느니라"(욥 5:2).

앙갚음하려는 마음을 품고 있는 한, 삶의 가장 추악한 순간에 집착할 수밖에 없다. 복수의 의지를 불태우는 한, 과거의 끔찍한 사건을 떨쳐 버리지 못한다. 해묵은 상처를 들쑤시고 되새길수록 좀 더 나은 인간이 될 수 있을 것 같은가? 천만의 말씀이다. 그런 태도는 오히려 삶을 파괴할 따름이다.

옛날에 봤던 코미디 프로그램이 생각난다. 조(Joe)가 씩씩거리며 제리(Jerry)에게 불만을 털어놓는다. 다른 친구(제리도 누군지 아는)의 못된 버르장머리 때문에 화가 나서 견딜 수가 없다는 것이다. 말을 할 때마다 조의 가슴을 손가락으로 콕콕 찌르는 게 문제였다. 조는 뜨거운 맛을 보여 주기로 작정했다면서 줄이 달려 있는 작은 병을 보여 준다. 병 안에는 살짝 건드리기만 해도 폭발하는 니트로글리세린이 가득 들어 있다. "이걸 목에 걸고 다니다가 녀석의 손끝이 닿는 자리에다 딱 대는 거야. 흥, 다시 한 번만 찔러 보라고 해. 이번엔 엄청난 대가를 치러야 할걸!"

설마, 당신도 조처럼 똑같이 어리석은 짓을 저지를 작정은 아니리라 믿는다. 그런 식으로 원수를 때려잡을 작정이라면 무덤자리 두 개를 미리 봐둬야 할지도 모른다. "급한 마음으로 노를 발하지 말라 노는 우매자의 품에 머무름이니라"(전 7:9).

'눈에는 눈'은 곧 '이에는 이'로 발전한다. 일자리에는 일자리, 명예에는 명예가 될 수도 있다. 얼마나 더 가야 복수의 사다리가 끊어질까? 어느 한쪽에서 다윗처럼 하나님의 통치를 받는 마음을 품기 전까지는 절대로 끝나지 않는다.

다윗은 골리앗과 싸우던 바로 그 자세로 사울을 대했다. 그때처럼 오직 하나님께만 초점을 맞추었다. 동굴 속에서 부하들이 원수를 죽여야 한다고 주장할 때 누가 다윗의 마음을 채우고 있는지 보라. "내가 손을 들어 여호와의 기름 부음을 받은 내 주를 치는 것은 여호와의 금하시는 것이니 그는 여호와의 기름 부음을 받은 자가 됨이니라"(삼상 24:6).

굴 밖에 나가서 사울에게 소리쳐 알리면서도 먼저 땅에 엎드려 예를 갖추었다(삼상 24:8). 그러고 나서 마음에 품고 있는 원칙을 재확인한다. "나는 내 손을 들어 내 주를 해치 아니하리니 그는 여호와의 기름 부음을 받은 자가 됨이니라"(삼상 24:10).

깊은 밤에 적진을 파고들었던 두 번째 장면에서도 그런 신념을 포기하지 않는다. "죽이지 말라 누구든지 손을 들어 여호와의 기름 부음을 받은 자를 치면 죄가 없겠느냐"(삼상 26:9).

생명의 물줄기를 찾아서

두 장면을 기록한 본문을 살펴보면 다윗은 무려 여섯 번이나 사울을 일컬어 '여호와의 기름 부음 받은 자'라고 부른다. 얼마든지 다른 표현을 사용할 수 있었다. '원수'라든지 또는 '돌대가리'라고 비아냥거린들 누가 뭐라 하겠는가? 하지만 다윗은 그렇게 하지 않았다. '원수 사울'이 아니라 '여호와의 기름 부음 받은 자 사울'이었을 뿐이다. 사울은 고통을 안겨 주는 원흉이었지만 그 역시 하늘 아버지의 자녀라는 사실을 잊지 않았다. 물론 사울에게 박수갈채를 보내지는 않았지만, 왕의 생사여탈권을 가지신 분이 하나님이라는 사실을 늘 마음에 담고 있었다. 하늘나라의 잣대로 상대를 평가했던 것이다. 왕은 여전히 하나님의 소유였다. 그것이 다윗에게는 소망을 주었다.

몇 년 전, 사냥개(로트와일러) 한 마리가 난데없이 뛰어들어 집에서 키우던 강아지를 공격한 적이 있었다. 몹쓸 녀석이 갑자기 우리 쪽으로 뛰어오더니 잡아먹을 듯 몰리(집에서 키우던 골든리트리버)한테 덤벼들었다. 그 일로 몰리 몸에는 십여 군데 상처가 남았고, 귀는 심하게 다쳐 덜렁거렸다. 망나니 같은 사냥개 녀석을 향한 내 감정은 다윗 못지않았다. 동굴 속에는 그 개와 나 둘이 남았다. 계속 이렇게 같이 살 수는 없었다. 그래서 개 주인에게 편지를 써 놈을 영원히 잠재우라고 했다. 개 주인은 다시 생각해 달라고 간청했다. "한 짓은 말할 수 없이 끔찍하지만 아직 훈련 중인 녀석입니다. 과정을 다 마치지 못했다는 걸 감안해 주십시오."

적들은 지금도 하나님의 계획 가운데 포함되어 있다. 맥박이 끊어지지 않았다는 게 그 증거이다. 주님은 그들을 포기하지 않으신다. 거룩한 뜻에서 벗어나 있기는 하지만 영원히 돌아서지 못할 정도는 아니다. 적들을 창조주의 실패작이 아니라 위대한 프로젝트로 파악한다면, 그 자체로 하나님께 영광을 돌리는 일이 된다.

원수 갚는 일은 누구의 몫인가? 다윗은 잘 알고 있었다. 그래서 동굴을 벗어나기가 무섭게 선언한다. "여호와께서는 나와 왕 사이를 판단하사 나를 위하여 왕에게 보복하시려니와 내 손으로는 왕을 해하지 않겠나이다 … 그런즉 여호와께서 재판장이 되어 나와 왕 사이에 판결하사 나의 사정을 살펴 신원하시고 나를 왕의 손에서 건지시기를 원하나이다"(삼상 24:12, 15).

오직 하나님만이 하늘나라 대법원 판사석에 앉을 수 있다. 홀로 법복을 입으시고, 판결에 쓰는 망치를 누군가에게 맡기지도 않으신다. 그래서 바울은 말한다. "너희가 친히 원수를 갚지 말고 진노하심에 맡기라 기록되었으되 원수 갚는 것이 내게 있으니 내가 갚으리라고 주께서 말씀하시니라"(롬 12:19).

복수는 삶의 방정식에서 하나님이라는 인자를 제외해 버리는 처사이다. 자구책을 세운다는 건 주님을 몰아내고 스스로 뭘 해보겠다는 뜻이다. "주님이 잘 처리하실 수 있을지 믿음이 가질 않는군요. 원수들한테 너무 가벼운 처벌을, 그것도 늑장을 부려 가며 내리시려는 거 아니예요? 그동안 수고하셨어요. 아무래도 이 일은 내 손으로 마무리 짓는 게 좋겠어요."

예수님은 그렇게 말씀하지 않으셨다. 세상 누구도 완전하신 하나님의 아들보다 정확하게 옳고 그름을 가릴 수 없다. 하지만 "욕을 받으시되 대신 욕하지 아니하시고 고난을 받으시되 위협하지 아니하시고 오직 공의로 심판하시는 자에게 부탁"(벧전 2:23)하셨다.

정확하게 심판할 수 있는 분은 하나님뿐이시다. 복수는 하나님의 일이다. 원수를 주님의 거룩한 손에 맡기라. 그래야 적들과 똑같은 실수를 저지르지 않는다. 상대의 못된 행실을 미워할 수는 있겠지만, 증오에 사로잡혀 세월을 허송하지 말라.

용서는 '무조건 사면'이 아니다. 용서는 위선과도 다르다. 다윗은 사울의 죄를 얼버무리거나 의도적으로 은폐하지 않는다. 도리어 아주 직선적으로 지적한다. 그저 사울을 피할 뿐이다. "사울은 집으로 돌아가고 다윗과 그의 사람들은 요새로 올라가니라"(삼상 24:22).

다윗처럼 행동하라. 은혜를 베풀되, 필요하다면 적절한 거리를 두라. 툭하면 주먹을 휘두르는 남편을 용서하라. 부도덕한 짓을 저지른 목회자를 용납하는 건 빠를수록 좋지만, 다시 강단을 맡기는 건 서두를 일이 아니다. 사회적으로도 은혜와 처벌을 동시에 내릴 필요가 있다. 아동성폭행 전과자에게 사회에 복귀할 기회를 주는 것도 중요하지만, 놀이터 근처에는 접근하지 못하도록 해야 한다.

용서는 어리석은 짓이 아니다. 용서의 핵심은 해를 입힌 상대를 다른 눈으로 보기로 작정하는 것이다. 에스키모들에게 하나님의 메시지를 전했던 모라비언 선교사들은 원주민 언어로 '용서'를 어떻게 표현해야 좋을지 몰라 애를 먹었다. 결국 알파벳 스물네 개로 구성된 장황한 단어(issumagijoujungnainermik)가 낙점을 받았는데, 직역하자면 '더 이상 생각조차 하지 않는 행위'라는 뜻이었다.[주2]

용서한다는 건 계속해서 앞으로 나아간다는 의미이다. 지난날의 상처는 더 이상 생각하지 않는다는 말이기도 하다. 누구도 제 힘으로는 가해자를 용납하거나, 인정해 주거나, 받아들이지 못한다. 그러므로 고통을 준 이들에 대한 생각을 하늘나라로 보내 버리라는 것이다. 그렇게만 된다면 원수를 하나님의 자녀로, 원수 갚는 일을 주님의 몫으로 여길 수 있다.

우리 모두 은혜를 입은 죄인이라는 사실을 잊어서는 안 된다. 은혜를 베풀지 않으면서 어떻게 하나님께 은혜를 구하겠는가? 성경은 이 문제를 아주 중요하게 취급한다. 예수님은 다른 죄인을 용서하지 않는 죄인들을 심하게 질책하셨다. 엄청난 빚을 탕감 받았으면서도 남에게는 몇 푼 안 되는 돈을 어서 갚으라고 닦달했던 종의 비유가 기억나는가? 주인은 불같이 노하며 꾸짖는다. "악한 종아 네가 빌기에 내가 네 빚을 전부 탕감하여 주었거늘 내가 너를 불쌍히 여김과 같이 너도 네 동관을 불쌍히 여김이 마땅치 아니하냐"(마 18:32-33).

은혜를 받았으므로 은혜를 베풀어야 한다. 소생의 나무를 본받는 그리스도인만이 살아남을 수 있다. 폭발의 잔해를 뚫고 뿌리를 내려야 한다. 상처를 극복하고 생명의 물줄기를 찾아야 한다. 하나님의 사랑에 힘입어 수분을 빨아들일 수 있게 되기까지 깊이, 더 깊이 땅을 파고 들어가야 한다.

사울이 그랬던 것처럼, 우리도 은혜를 입었다. 그러므로 다윗이 그랬던 것처럼, 이제는 아낌없이 은혜를 베풀 차례이다.

나의 믿음연습장

1. 지금 당장 용서해야 할 사람이 있는가? 어떤 인물인가?

2. 예수님이 다른 죄인을 용서하지 않는 죄인들을 그토록 심하게 질책하신 이유는 무엇인가?

3. 로마서 12장 14-21절을 읽으라. 그리스도인은 적대적인 이들을 어떻게 생각해야 하는가?

어째서 그리스도를 따르는 이들은 스스로 원수를 갚지 말아야 하는가?(롬 12:19)

직접적인 복수 대신 하나님이 자녀들에게 제시하신 전략은 무엇인가?(롬 12:20-21)

{ **당신**을 위한 **다윗**의 **전략노트**
지금껏 용서할 수 없는 이가 있는가? 기도하면서 너그럽게 용서하기로 작정하는 시간을 가지라. 가능하다면 화해를 시도하라. 상처가 삶을 지배하지 못하게 하라.

문제를 즐기라 *Facing Your Giants*

믿음연습 07
마음의 분노를 해독한다

온유함은 분노의 물줄기를 돌려놓는다. 겸손에는 힘이 있다.
사과는 논란을 가라앉힌다. 회개는 흥분을 잠재운다.

어네스트 고든(Ernest Gordon)은 버마 충까이 중환자 수용소에 누워 신음을 토해 냈다. 여기저기서 죽어 가는 이들의 탄식 소리가 들려 온다. 곳곳에 방치된 시신에서는 악취가 풍긴다. 정글의 태양은 이글이글 타오르고, 살갗은 벌겋게 익어 버렸다. 목이 바짝바짝 타 들어간다. 기운이 남아 있었더라면 앙상해진 넓적다리를 한 손으로나마 주물러 주었을 것이다. 하지만 그럴 만한 에너지도, 관심도 없다. 급성 전염병이 워낙 심한 까닭이다. 걸을 힘은 고사하고 감각조차 없다. 파리와 빈대가 득실거리는 일본군 포로수용소에서 마지막 순간을 기다리고 있을 뿐이다.

전쟁은 고든에게 가혹한 상처를 남겼다. 이십 대 초반 어린 나이에

제2차 세계대전에 참전했다. 스코틀랜드 북부 출신의 건장한 청년으로서 같은 지역 출신들로 구성된 여단에 배속돼 전선에 나갔다. 그러나 곧 일본군에 생포됐고, 벌써 여덟 달째 정글에서 허리가 휠 정도로 중노동에 시달렸다. 날마다 얻어맞고 늘 굶주림에 시달렸다.

급기야 연합군 포로들은 야만인처럼 행동하기 시작했다. 남의 물건을 훔치는 건 예사였다. 죽어 가는 전우의 물건을 강탈하는가 하면, 음식 부스러기를 서로 차지하겠다고 싸움을 벌였다. 배식당번들은 동료들에게 돌아갈 음식을 빼돌려서 자기들끼리 배를 채웠다.

고든은 그렇게 참혹한 현실과 작별하게 되어 기뻤다. 병에 걸려 죽는 게 총까이에서 최후의 승자가 되는 유일한 길이라고 생각했던 것이다. 그런데 놀라운 일이 벌어졌다. 새로운, 그래서 아직 희망을 잃지 않은 포로 둘이 중환자 수용소에 들어왔다. 똑같이 병에 걸렸고 심신이 허약한 상태였지만 그들은 더 고상한 법에 마음을 두고 있었다. 신참들은 얼마 안 되는 양의 식사를 병세가 더 위중한 동료들과 나누어 먹었다. 가욋일이 생길라치면 주저 없이 자원했다. 썩어 들어가던 고든의 상처를 소독하고 마비된 다리를 마사지해 준 것도 두 사람이었다. 그들 덕분에 여섯 주 만에 처음으로 몸을 씻을 수 있었다. 서서히 기력이 회복되기 시작했다. 아울러 고든의 운명도 전혀 다른 국면을 맞이했다.

신참들의 선행은 전염병처럼 곧 사방으로 퍼져 나갔다. 고든도 뒤를 따랐다. 병에 걸린 환자들을 돌보고 음식을 나눠 먹었다. 지니고 있던 물건들까지 필요한 이들 손에 쥐어 주었다. 다른 병사들도 속속 동참했다. 그렇게 얼마쯤 지나자 수용소 분위기가 훨씬 부드럽고 밝아졌다. 희생정신이 이기심을 몰아냈다. 포로들끼리 예배를 드리고 성경말씀을 공부했다.

20년이 지난 뒤, 프린스턴 대학의 교목이 된 고든은 당시 포로수용소에서 체험했던 극적인 변화를 이렇게 설명한다.

> 죽음은 여전히 주변을 떠돌고 있었습니다. 누구도 부정할 수 없는 엄연한 현실이었습니다. 하지만 포로들은 죽음의 세력에서 조금씩 벗어나고 있었습니다. 이기심, 미움, 교만 따위는 생명력을 짓누르는 요소들입니다. 반면에 사랑, 자기희생, 믿음은 생명의 핵심입니다. 하나님이 인간에게 주신 선물이지요. 충까이에서 죽음은 더 이상 마지막을 뜻하는 말이 아니었습니다.주1

죽음의 화살을 막는 방패가 돼라

이기심과 미움, 교만이 판치는 세상이 어디 포로수용소뿐이겠는가? 기숙사에만 가도 얼마든지 볼 수 있다. 기업 이사회나 부부의 침실, 변두리 뒷골목에도 널려 있다.

"오직 자신만 믿고 살아라."

"세상은 일등만 기억한다. 무슨 수를 써서라도 일등을 해라."

"환경에 적응하는 자만이 살아남는다."

당신 주변을 이런 생존 원리가 지배하고 있는가? 만나기만 하면 돈 이야기를 하느라 정신이 없는가? 승진이나 꿈, 재산이 언제나 화제의 중심이 되는가? 기분 내키는 대로 살고 싶은가? 그렇다면 주변을 돌아보라. 야만적이고 난폭한 정글 거인들이 여기저기 도사리고 있을 것이다. 하지만 좀 더 주의를 기울이면 가끔씩 진흙 속에서 빛나는 다이아몬드도 보일 것이다. 이처럼 삶의 길을 걷노라면 소중한 것들을 서슴없이 나눠 주는 동료나 어려운 처지에 빠진 전우를 끝까지 돌봐주는 병사들처럼 마음씨 고운 이들을 더러 만나게 된다.

다윗 시대에 살았던 아비가일도 그런 인물이었다. 남편은 나발이었는데, 하는 짓마다 이름 뜻(히브리어로 '멍청이') 그대로였다. 소와 양을 많이 키운다고 교만하기가 이루 말할 수 없다. 나발은 "완고하고 행사가 악하며"(삼상 25:3) 불량한 사람이라 더불어 말할 수 없는 인물이었기 때문이다.주2 사람 다루기를 마치 조련사가 짐승 다루듯 했다. 누구를 만나든지 불같이 화를 냈다. 그렇다 보니 관계란 관계는 다 깨져 버렸다. 나발의 세계는 단 한 사람, 오직 자신만을 중심으로 돌아갔다. 아무한테도 감사할 줄 몰랐으며 누군가에게 뭘 나눠 준다는 건 생각조차 못할 일이었다.

다윗이라고 예외일 수는 없었다. 다윗은 광야에 살면서 로빈후드 비슷한 역할을 했다. 육백여 명의 부하들과 함께 산적들이나 베드인 족의 공격으로부터 농부와 목자들을 지켜 주었다. 당시 이스라엘에는 고속도로순찰대나 경찰이 없었다. 그러므로 중앙정부의 힘이 미치지 못하는 시골에서는 다윗 부대와 같은 세력은 필수적이었다. 다윗은 그들을 완벽하게 보호해 주었다. 나발 밑에서 일하는 어느 목자가 "그들 가까이에서 양을 치는 동안 밤낮으로 성벽처럼 저희를 지켜 주었습니다"(삼상 25:16, 우리말성경)라고 말할 정도였다.

다윗과 나발은 같은 지역에 함께 살았다. 마치 두 마리 황소가 같은 초장에 나란히 서서 풀을 뜯는 꼴이었다. 양쪽 다 힘이 센 데다가 고집도 만만치 않았다. 둘이 부딪히는 건 시간문제였다.

추수가 끝날 무렵부터 충돌의 조짐이 드러나기 시작했다. 양털을 깎고 마른풀을 거두는 작업이 마무리되면 곧 푸짐한 축제가 벌어진다. 빵을 굽고, 양을 잡고, 포도주를 넘치게 내온다. 밭고랑을 일구거나 가축 돌보는 일을 잠시 멈추고 노동이 만들어 낸 단 열매를 맛보는 시간이다. 물론 나발의 집에서도 떠들썩한 잔치판이 벌어졌다.

소식을 들은 다윗은 부하들도 거기에 참석할 자격이 있다고 생각했다. 낟알과 양떼를 지켜 주고 산꼭대기까지 순찰을 돌며 계곡을 안전하게 지켜 주었으니 당연한 일이 아니겠는가? 그래서 부하 열 명을 나발에게 보내 요청한다. "당신의 종들에게 물어 보면 이야기해 줄 것입니다. 그러니 내 소년들에게 잘해 주길 바랍니다. 우리가 이 좋은 날에 왔으니 당신의 종들과 당신의 아들 같은 다윗에게 손에 닿는 대로 챙겨 주시기 바랍니다'라고 말이다"(삼상 25:8, 우리말성경).

하지만 나발은 그저 코웃음을 친다.

다윗은 누구며 이새의 아들은 누구뇨 근일에 각기 주인에게서 억지로 떠나는 종이 많도다 내가 어찌 내 떡과 물과 내 양털 깎는 자를 위하여 잡은 고기를 가져 어디로서인지 알지도 못하는 자들에게 주겠느냐(삼상 25:10-11).

다윗이라는 이름을 들어 본 적도 없다는 것이다. 심지어 다윗을 도망친 노예나 떠돌이에 빗대어 조롱한다. 부하들은 졸부의 오만방자한 태도에 격분했고, 주군에게 전후사정을 낱낱이 고했다. 격분한 다윗은 자리를 박차고 일어나 출동 준비를 갖추라고 명령한다. "너희는 각기 칼을 차라"(삼상 25:13).

다윗과 사백 명의 용사들이 나발을 향해 질풍처럼 달려간다. 이런 상황을 알 리 없는 나발은 패거리들과 어울려 술을 들이켜고 고기를 뜯는다. 다윗이 치를 떨 때마다 산천이 다 떠는 것 같다. "내가 그에게 속한 모든것 중 한 남자라도 아침까지 남겨두면 하나님은 다윗에게 벌을 내리시고 또 내리시기를 원하노라"(삼상 25:22).

여기 낯익은 장면이 등장한다. 고대 중동판 서부극이라고나 할까?

갑자기 미인이 나타난 것이다. 사막에 피어난 한 송이 들국화를 닮았다. 도살장 앞마당에 사뿐히 내려앉은 한 마리 백조와도 같다. 나발의 아내다. 비열하고 시원찮은 남편에 비해, 아비가일은 총명하고 아름답기 그지없었다(삼상 25:3).

지혜와 미모, 아비가일은 두 가지 무기를 총동원한다. 남편이 다윗의 용사들을 문전박대했다는 소리를 듣자마자 즉시 행동을 개시했던 것이다. 나발에게는 한 마디 귀띔도 하지 않은 채, 예물을 챙겨 들고 용사들의 분노를 진정시키러 달려 나갔다. "떡 이백 덩이와 포도주 두 가죽부대와 잡아 준비한 양 다섯과 볶은 곡식 다섯 세아와 건포도 백 송이와 무화과뭉치 이백"(삼상 25:18) 개로 단단히 무장했다.

아비가일은 똑똑한 여인이었다. 상황의 심각성을 누구보다 정확하게 파악했으므로, 집안을 향해 날아오는 죽음을 막아 낼 마지막 방패 역할을 자임하고 나선 것이다. 다윗을 만나자마자 발 아래 엎드려 간절히 호소한다. 성경에 한 자리를 차지할 만큼 절절한 애원이었다.

"주여 청컨대 이 죄악을 나 곧 내게로 돌리시고 여종으로 주의 귀에 말하게 하시고 이 여종의 말을 들으소서"(삼상 25:24).

그녀는 남편이 시정잡배에 불과하다는 사실을 인정했다. 남편이 들어야 할 비난을 감수하면서 정의를 실현하는 대신 용서를 베풀어 달라고 간청한다. "주의 여종의 허물을 사하여 주옵소서"(삼상 25:28). 한편으로는 집에서 준비해 온 선물을 바치고, 다른 한쪽으로는 나발을 하나님의 손에 맡김으로써 다윗의 손에 피를 묻히는 부담을 지지 말라고 설득한다. 아비가일의 이야기를 들으며 다윗의 분노는 눈 녹듯 사라졌다. 마음을 누그러뜨린 다윗이 말한다.

> 오늘날 너를 보내어 나를 영접케 하신 이스라엘의 하나님 여호와를 찬송할찌로다 … 네가 급히 와서 나를 영접지 아니하였더면 밝는 아침에는 과연 나발에게 한 남자도 남겨두지 아니하였으리라 … 네 집으로 평안히 올라가라 내가 네 말을 듣고 네 청을 허락하노라 (삼상 25:32, 34-35).

야수의 세상에서 미녀로 살기

다윗은 진영으로, 아비가일은 집으로 돌아갔다. 나발은 인사불성으로 취해 있었다. 대화가 어렵겠다고 생각한 아내는 다음날 아침까지 기다렸다가 다윗 일행이 쳐들어왔던 일과 하마터면 가문 전체가 쑥대밭이 될 뻔했던 사연을 남편에게 들려주었다. 성경은 이후 사정을 이렇게 기록하고 있다. "그가 낙담하여 몸이 돌과 같이 되었더니 한 열흘 후에 여호와께서 나발을 치시매 그가 죽으니라"(삼상 25:37-38).

나발이 갑자기 죽고 아비가일이 혼자가 됐다는 소식을 들은 다윗은 우선 하나님께 감사했다. 그리곤 길을 막고 서 있던 수려한 여인 생각을 떨쳐 버릴 수가 없었던 다윗은 청을 넣어 승낙을 받았다. 새로운 아내를 얻은 것이다.

유순한 태도가 살육을 막았다. 아비가일의 온유함은 분노의 물줄

기를 돌려 놓았다. 겸손에는 그런 힘이 있다. 사과는 논란을 가라앉힌다. 회개는 흥분을 잠재운다. 올리브 가지 하나가 총 열 자루로도 하지 못할 일을 이룰 수 있다. "부드러운 혀는 뼈를 꺾느니라"(잠 25:15).

아비가일은 많은 가르침을 준다. 우선 온유한 태도가 주변에 얼마나 빨리 영향을 미치는지 보여 준다. 하지만 그녀의 이야기가 주는 가장 큰 미덕은 자신이 아니라 다른 분의 아름다움에 주목하게 만든다는 점이다. 사고의 차원을 어느 시골길에서 예루살렘의 십자가로 끌어올려 준다. 메시야가 오시기 천년 전에 살았던 인물이므로 예수님을 알았을 리가 없다. 그럼에도 불구하고 그녀는 구세주 모형을 선명하게 보여 준다.

아비가일은 다윗과 나발의 중간에 섰다. 예수님은 하나님과 그리스도인 사이에 계신다. 아비가일은 나발의 죄를 대신 지겠다고 자원했다. 그리스도는 우리를 위해 스스로 징계를 받으셨다. 아비가일은 다윗의 분노를 가라앉혔다. 주님도 진노하신 하나님 앞에서 거룩한 자녀들을 감싸 주신다.

성경은 예수님을 중보자로 정의한다.

> 하나님과 사람 사이에 중보도 한 분이시니 곧 사람이신 그리스도
> 예수라 그가 모든 사람을 위하여 자기를 속전으로 주셨으니
> (딤전 2:5-6).

중보자가 무엇인가? 가운데 서서 양쪽을 조정해 주는 존재이다. 하나님의 분노와 인간에게 닥친 징벌 사이에 서서 그리스도는 무슨 일을 하셨는가? 인간에게 향하는 하늘 아버지의 노여움을 대신 지셨다.

비슷한 사건이 충까이 수용소에서 일어났다. 어느 날 저녁, 모든 작업이 끝나갈 무렵에 일본인 간수장이 들이닥쳤다. 삽 한 자루가 없어졌다는 것이다. 포로들을 줄맞춰 세워 놓고 누군가 훔쳐간 게 분명하다면서 삽을 가져간 자는 한 걸음 앞으로 나서라고 서툰 영어로 소리를 질러 댔다. 그뿐이 아니었다. 총을 겨누면서 범인이 자백할 때까지 한 사람씩 쏘아 죽이겠다고 협박하기까지 했다.

시간이 얼마나 흘렀을까, 스코틀랜드 병사 하나가 걸어 나와서 차렷 자세를 취하고 말했다. "내가 훔쳤소."

간수장은 무섭게 화를 내며 죽도록 매질을 해 댔다. 마침내 기운이 다한 간수가 매질을 멈췄다. 그제야 포로들은 동료의 축 늘어진 몸과 작업도구들을 수습해 수용소로 돌아갈 수 있었다. 잠시 후, 사라졌다던 삽이 나타났다. 일본군 간수가 삽의 숫자를 잘못 헤아렸던 것이다. 잃어버린 삽 따위는 애당초 없었다.[주3]

그는 대체 어떤 사람이기에 저지르지도 않은 죄를 스스로 뒤집어쓴 것일까? 적절한 수식어가 떠올랐는가? 그렇다면 그 수식어를 그리스도의 이름 앞에 붙여 보라. 예수님이 바로 그런 분이시기 때문이다. 성경은 여호와께서 "우리 무리의 죄악을 그에게 담당시키셨도다"(사 53:6)라고 말한다. 하나님은 순결한 메시야를 죄 많은 인간처럼 대우하셨다. 거룩한 독생자를 거짓말쟁이 불한당처럼 취급하셨다. 아비가일을 나발처럼 다루셨다.

그리스도는 우리가 살아 낼 수 없는 삶을 사셨다. 우리가 도저히 감당 못할 징벌을 대신 받으셨다. 그분이 주시는 소망을 우리가 무슨 핑계라도 대며 거부할까 하여 그렇게 하신 것이다. 구세주의 희생을 생각할 때마다 스스로 묻게 된다. '예수님은 우리를 그토록 사랑하셨는데, 어째서 우리는 서로 사랑하지 않는가? 거저 용서를 받았으니 이제 남을 용납할 차례가 아닌가? 은혜의 잔치에 초대를 받았으니 부스러기나마 다른 이들과 나눠야 하는 게 아닐까?'

> 사랑하는 자들아 하나님이 이같이 우리를 사랑하셨은즉
> 우리도 서로 사랑하는 것이 마땅하도다(요일 4:11).

생각만 해도 속이 뒤집히는 나발이 있는가? 그렇다면 상대를 노려보던 시선을 이제 그만 거두고, 그리스도를 바라보라. 문제를 일으키

는 말썽꾼이 아니라 중보자에게 초점을 맞추라. 사도 바울은 "악에게 지지 말고 선으로 악을 이기라"(롬 12:21)고 권면한다. 포로 하나가 수용소 전체를 변화시켰다. 아비가일은 가문을 구원했다. 야수들 틈에서 미녀로 살아 보라. 그리고 무슨 일이 일어나는지 지켜보라.

✏️ 나의 믿음연습장

1. 한 사람의 선한 영향력이 집단이나 조직 전체를 변화시키는 걸 본 적이 있는가? 어떤 일이었는지 자세히 적으라.

   선한 영향력을 발휘해서 바꿔 놓아야 할 만한 환경이 있는가? 구체적으로 묘사해 보라.

2. 그리스도가 진노하신 하나님 앞에서 당신을 감싸 주시는 걸 실감했던 적이 있는가? 구체적으로 설명해 보라.

3. 빌립보서 4장 5절을 읽으라. 본문은 그리스도인들에게 어떤 성품을

드러내 보이라고 권면하는가? 특히 어떤 이들을 향해 나타낼 것을 주문하는가?

본문의 전반부는 생뚱맞은 후반부에 연결된다. 전반부와 후반부는 어떤 관계가 있는가?

관용을 베푼다는 건 무슨 뜻인가?

{ **당신을 위한 다윗의 전략노트**

상처를 입혔거나, 무례하게 대했거나, 다퉜던 이들을 떠올려 보라. 먼저 다가가서 용서를 구할 수 있는 은혜와 겸손한 마음을 주시기를 하나님께 간구하라. 쉬운 일이 아닐 것이다. 하지만 주님이 직접 상황에 개입하셔서 평안과 치유를 베풀어 달라고 기도하라.

문제를 즐기라 *Facing Your Giants*

믿음연습 08
1퍼센트 더 노력한다

한 번만 더 은혜를 베풀라. 조금만 더 너그러워지라. 한 시간만 더 가르치라. 한 영혼만 더 격려하라. 한 번만 더 힘차게 물살을 가르라.

♥ 골리앗은 슬럼프 건(slump gun)을 쓴다. 특별 주문한 총으로, 유효사거리가 무한정에 가깝다. 홈이 깊게 파인 총열에다 총구는 아주 큼지막하다. 심장을 정확하게 겨냥할 수 있는 조준경까지 달려 있다. 슬럼프 건을 쏘면 총알이 아니라 슬픔이 날아간다. 생명이 아니라 미소를 빼앗고, 육신이 아니라 믿음에 상처를 입힌다.

혹시 맞아 본 적이 있는가? 생활의 리듬을 찾을 수가 없다면 총상을 입은 것이다. 너무 지쳐 이부자리를 걷어찰 힘조차 없는가? 총알이 뚫고 지나간 흔적이 없나 살펴보라. 한 걸음 전진할 때마다 두 발자국씩 후퇴하게 되는가? 역시 마찬가지이다.

관계는 자꾸 꼬여만 간다. 하늘은 캄캄하고 불길하다. 한밤의 흑암

앞에서 아침햇살은 맥을 추지 못한다. 바로 슬럼프에 빠진 것이다. 문제가 백만 대군처럼 한꺼번에 몰려온다. 고군분투하지만 아무래도 역부족이다. 혼자 남았다는 외로움이 엄습한다.

자신을 의지하면 판단이 흐려진다

다윗도 똑같은 느낌을 받았다. 사울은 다윗을 궁지로 몰아넣었다. 동굴에서 잠을 청하고 나무 뒤에 몸을 숨겨야 한다. 육백여 명의 용사들을 먹이고 입혀 가며 이끈다는 게 버거울 때가 있다. 두 아내를 두었으니 가정도 조용할 날이 없다. 다윗의 장막 안에는 긴장이 흐른다.

광포해진 왕의 촉수를 피해 산골짜기를 헤매며 숨을 곳을 찾아야 한다. 초라한 몰골로 뒤를 따르는 부대원들을 돌보고, 천 개도 넘는 입을 채워 주어야 한다. 슬럼프 건의 표적이 되기에 딱 좋은 상태인 것이다. 다윗의 독백을 들어 보자. "내가 후일에는 사울의 손에 망하리니 블레셋 사람의 땅으로 피하여 들어가는 것이 상책이로다 사울이 이스라엘 온 경내에서 나를 수색하다가 절망하리니 내가 그 손에서 벗어나리라"(삼상 27:1).

희망이라곤 조금도 보이지 않는다. 하나님도 찾을 수 없다. 다윗의 두 눈에는 오직 사울만 보일 뿐이다. 벽에다가 사울의 포스터를 붙여 놓고 종일 들여다본다. 전화통을 끼고 앉아서 사울이 남긴 음성메시지를 거듭거듭 확인한다. 두려움에서 벗어나지 못하더니 결국 공포감의 포로가 된다. "내가 후일에는 사울의 손에 망하리니."

다윗은 더 나은 길을 잘 알고 있다. 그도 총명하던 시절, 기운이 넘치던 순간에는 달랐다. 하나님이 곤고한 날들을 어떻게 치유해 가시는지 보여 주는 산 증인이었다. 광야에서 처음으로 블레셋 군대와 맞닥뜨리던 순간, 다윗은 주님께 어찌할지 물었다(삼상 23:2). 적군에 비해 전력이 너무 떨어진다 싶은 생각이 들자, "여호와께 다시 물"었(삼상 23:4, 우리말성경)다. 아말렉 군대의 공격을 받았을 때 역시 주님과 상의했다(삼상 30:8). 사울이 죽은 뒤에 어떻게 움직여야 할지 판단이 서지 않자 가장 먼저 주님을 찾았다(삼하 2:1). 기름 부음을 받고 왕이 된 직후, 블레셋 군대가 코앞까지 쳐들어온 상황에서도 하나님과 대화했다(삼하 5:19). 크게 패한 뒤에도 적군은 물러서지 않고 이차공격을 감행했다. 이번에도 다윗은 주님께 여쭤 보고 전략을 세웠다(삼하 5:23). 하나님과 직통으로 연결되는 단축번호를 정확하게 기억하고 있었던 것이다.

혼란스러운가? 그럴 때 다윗은 주님과 대화했다. 심각한 도선을 받고 있는가? 역시 하나님과 상의했다. 두려움에 떨고 있는가? 물론 하나님께 고백했다. 하지만 이번에는 아니다. 다윗은 자신하고만 이야기한다. 심지어 참모진들의 조언도 귀담아 듣지 않는다. 사울의 추격이 처음 시작됐을 당시에는 사무엘에게 달려갔다. 공격이 계속되자 요나단에게 도움을 청했다. 무기도 없고 식량마저 떨어진 뒤에는 놉으로 피신해 제사장들 틈에 숨었다. 거기부터였다. 거기부터 자기만 의지하기 시작했다. 정말 형편없는 선택이었다. 자신에게 충고한답시고 중얼거리는 얘기를 들어 보라. "내가 후일에는 사울의 손에 망하리니"(삼상 27:1).

다윗 선생, 그래서는 안 되지요. 사무엘 선지자가 머리에 거룩한 기름을 부어 주었던 사실을 벌써 잊어버린 건 아니겠지요? 요나단을 통해 주신 하나님의 약속을 까먹었단 말입니까? "너는 이스라엘 왕이 되고"(삼상 23:17). 아비가일의 입을 빌어 주셨던 여호와의 언약을 잊었단 말씀이죠? "모든 선을 내 주에게 행하사 내 주를 이스라엘의 지도자로 세우신 때에"(삼상 25:30). 심지어 사울을 통해서도 안전을 보장해 주시지 않았던가요? "보라 나는 네가 반드시 왕이 될 것을 알고 이스라엘 나라가 네 손에 견고히 설 것을 아노니"(삼상 24:20).

하지만 밀려드는 피로감에 지레 질린 다윗은 더 이상 올바른 판단을 하지 못한다. 그리고는 혼자서 골똘히 생각한다.

> 이제 이러다가, 내가 언젠가는 사울의 손에 붙잡혀 죽을 것이다. 살아나는 길은 블레셋 사람의 땅으로 망명하는 것뿐이다. 그러면 사울이 다시 나를 찾으려고 이스라엘의 온 땅을 뒤지다가 포기할 것이며, 나는 그의 손에서 벗어나게 될 것이다(삼상 27:1 참조).

골리앗을 쓰러뜨렸던 왕년의 영웅은 그렇게 이스라엘을 떠났고, 사울은 추격을 멈췄다. 다윗은 부하들과 함께 우상과 잡신의 땅으로 떠났다. 골리앗의 뒤뜰에다 장막을 쳤다. 사탄의 초장에 눌러앉은 것이다.

처음에는 편안하다. 미친 왕이 더 이상 추격해 오지 않으니 그것만으로도 행복하다. 병사들은 두 다리 쭉 뻗고 잘 수 있다. 아이들은 다시 유치원에 다니기 시작하고, 여인들은 옷 보따리를 풀어 장롱에 차곡차곡 정리해 넣는다. 만사가 편안해지는 것 같다. 하지만 과연 그 편안함이 얼마나 갈 것인가?

알코올에 다시 손을 대면 웃음을 되찾을 수 있다. 하지만 잠시뿐이다. 배우자에게서 벗어나면 느긋한 마음이 든다. 그러나 역시 일시적일 뿐이다. 포르노를 보고 있으면 흥미진진하다. 그래도 한때뿐이다. 곧 자극의 발톱이 느슨해지기 때문이다. 대신 죄책감의 파도가 덮친다. 문득 단절에서 오는 외로움이 엄습한다. "어떤 길은 사람의 보기에 바르나 필경은 사망의 길이니라 웃을 때에도 마음에 슬픔이 있고 즐거움의 끝에도 근심이 있느니라"(잠 14:12-13).

다윗이 하늘에서 무릎을 치는 소리가 들리지 않는가? 그리고는 자기가 쓴 슬럼프 노래의 세 번째 소절을 잘 들어 보라고 속삭인다. 첫 번째 소절에서 다윗은 '탈진'했다. 그래서 부랴부랴 '도망'쳤다. 그뿐이 아니다. 적진에서 살아남기 위해 모든 걸 다 팔아넘기기까지 했다.

먼저 가드 왕 아기스와 충격적인 타협을 시도한다. "나를 좋게 본다면 지방의 한 성읍 가운데 한 곳을 내게 주어 거기 살게 해 주십시오. 종이 어떻게 당신과 함께 왕의 성에서 살겠습니까?"(삼상 27:5, 우리말성경).

다윗이 자신을 무어라 일컫고 있는가? 적국 임금 앞에서 스스로 '종'이라고 칭하고 있다. 한때 이스라엘의 자랑스러운 아들이요, 골리앗을 제압했던 정복자가 지금은 민족의 원수를 위해 건배를 외치는 신세로 전락했다.

블레셋의 왕은 흔쾌히 제안을 받아들였다. 다윗에게 시글락이라는 마을에 살도록 허락하면서 한 가지 조건을 걸었다. 조국과 전쟁을 벌이고 동족을 살육하라는 주문이었다. 아기스는 약속이 잘 지켜지고 있는 줄 알았다. 하지만 실제로 다윗은 히브리인의 원수들만 골라서 쳐부쉈다.

> 다윗과 그의 사람들이 올라가서 그술 사람과 기르스 사람과 아말렉 사람을 침로하였으니 그들은 옛적부터 술과 애굽 땅으로 지나가는 지방의 거민이라 다윗이 그 땅을 쳐서 남녀를 살려두지 아니하고 양과 소와 나귀와 약대와 의복을 취하고 돌아와서 아기스에게 이르매 (삼상 27:8-9).

결코 좋은 시절이 아니었다. 블레셋 왕을 속이고 이방인의 피로 기만행위를 은폐했다. 열여섯 달 동안 이런 이중생활이 계속됐다. 당시에는 단 한 편의 시도 쓰지 못했다. 수금은 먼지를 뒤집어쓴 채 주인의 손길을 기다렸다. 슬럼프가 시인의 감성을 죽인 것이다.

일시적으로 고통을 줄이는 진통제는 거절하라

상황이 더 나빠지고 나서야 다윗은 퍼뜩 정신을 차렸다. 블레셋이 사울 왕을 공격하기로 결정한 것이다. 다윗과 용사들은 이스라엘의 적을 도와야 할 상황이 되고 말았다. 그러나 다행인지 불행인지 사흘 동안 전장을 향해 이동하던 다윗 일행은 가던 길을 되짚어 집으로 돌아왔다. 블레셋의 지휘관들이 이의를 제기했기 때문이다. "저 사람을 보내 버리십시오. 당신이 그에게 정해 주신 땅으로 돌아가게 해서 우리와 함께 싸움에 나가지 못하게 하십시오. 그렇지 않으면 싸우는 동안 우리에게 덤벼들지 모릅니다"(삼상 29:4, 우리말성경).

그런데 시글락에 도착해 보니 마을이 온통 잿더미가 돼 있었다. 아말렉 군대가 쳐들어와 집을 부수고 아내와 아들딸들을 모조리 잡아간 것이다. 참혹한 상황을 목격한 용사들은 "울 기력이 없도록"(삼상 30:4) 몸부림치며 통곡했다.

블레셋으로부터 버림받고 아말렉에게는 강탈을 당했다. 이제 섬길 조국도, 돌아갈 집도 없다. 그런데 유감스럽게도 불행은 아직 끝나지 않았다. 백성들의 눈에 원망의 불길이 타오르는가 싶더니 저마다 주섬주섬 돌멩이를 주워 들었다. "백성이 각기 자녀들을 위하여 마음이 슬퍼서 다윗을 돌로 치자 하니"(삼상 30:6).

갑자기 한 가지 궁금해진다. 그 순간 다윗은 원수의 땅에 들어온 것을 후회했을까? 훨씬 단순했던 광야생활을 그리워했을까? 동굴 시절을 아쉬워했을까? 거기서는 블레셋의 거부도, 아말렉의 공격도 없었다. 부하들도 잘 따랐고 아내들과도 화목하게 지냈다. 그런데 지금은 어떤가? 폐허가 된 시글락에서 당장이라도 손에 쥔 돌멩이를 집어 던질 듯한 백성들과 마주 서 있다. 다윗은 기도하지 않고 내렸던 섣부른 결정을 후회했을까? 무작정 도망쳐 나와 모든 걸 다 팔아넘긴 선택을 뉘우치고 있을까?

슬럼프는 그릇된 결정을 숙성시키는 배양접시요, 잘못된 변화를 길러 내는 인큐베이터와 같다. 후회스러운 행동을 양산하는 조립 라인이다. 좀처럼 끝나지 않고 오래도록 지속되는 이 고단한 여정을 당신은 어떻게 처리하고 있는가? 슬럼프를 어떻게 이겨 내는가? 실낱같은 소망마저 떠나 버렸을 때, 기쁨이 무슨 뜻인지조차 잊어버렸을 때, 무언가를 시도하는 게 피곤하고, 용서하는 데 지치고, 고단한 직장 일에 치이고, 완고한 인간들에게 질렸을 때 그 암울한 시기를 어떻게 헤쳐 나가는가?

알약 하나, 또는 술 몇 모금 입에 털어 넣는 걸로 해결하는가? 한 시간쯤 술집에 앉아 있거나, 하루쯤 찜질방에서 뒹굴거나, 일주일쯤 공기 좋은 바닷가에서 빈둥거리면 해결될까? 그런 대책이라면 무궁무진하게 찾아 낼 수 있다. 서글픈 일상에 기운을 불어넣는다고 알려진 방법이 어디 한두 가지인가? 하지만 정말 그럴까? 잠시라면 몰라도 장기적인 효과는 없을 것이다. 고통을 잠시 잠재울 수는 있지만 영원히 제거하기에는 결코 좋은 방법이 아니다.

어찌 보면, 현대인의 행태는 터키 어느 절벽에서 뛰어내렸다던 양떼와 비슷하다. 벼랑 끝에서 처음 몸을 던졌던 양의 속사정이야 누가 알겠는가? 신기한 건, 무려 1천 5백 마리나 되는 양들이 똑같은 절벽에서 줄줄이 뛰어내렸다는 사실이다. 먼저 투신한 녀석들 가운데 450마리는 현장에서 즉사했다. 순번이 늦었던 천여 마리는 목숨을 건졌다. 먼저 떨어진 녀석들의 사체가 쿠션 구실을 한 덕분이었다.[주1]

양들처럼 현대인들도 절벽 끝으로 줄지어 올라가서 떠들썩한 술집과 침대를 향해 머리부터 뛰어든다. 다윗처럼 앞뒤 가리지 않고 가드로 달려간다. 거기서 깨닫는 것이라곤 가드는 해결책이 될 수 없다는 것뿐인데도 말이다.

이쯤 되면 해결책이 있기는 하냐고 묻고 싶을 것이다. 해결책은 분명히 있다. 다윗이 범했던 잘못을 바로잡기만 하면 된다.

슬럼프를 이기는 법

다윗은 기도하지 않았다. 그러니까 당신은 빨리 기도하라. 이제는 자신과 상의하는 일은 그만두고, 쉴 새 없이 초대장을 보내시는 그리스도께 말씀 드려라. "수고하고 무거운 짐 진 자들아 다 내게로 오라 내가 너희를 쉬게 하리라"(마 11:28).

하나님은 결코 지치지 않으신다. 침체된 채 살아가는 자녀들을 참을성 있게 지켜보신다.

다윗은 좋은 충고들을 무시했다. 당신은 똑같은 실수를 저지르지 말라. 더는 못 가겠다 싶을 때는 유익한 조언을 구하라. 도움말 따위는 필요 없다고 생각할 수도 있다. 슬럼프에 빠진 사람은 똑같은 처지에 있는 이들을 좋아하게 마련이다. 상처가 많은 이들은 상처투성이들에게 끌리는 법이다. 역성들어 주는 상대를 좋아하고, 바른소리 하는 친구를 피하고 싶어 하는 건 인지상정이다. 하지만 정말 약이 되는 건 쓴소리와 바른 가르침이라는 사실을 잊어서는 안 된다.

하프 철인삼종 경기에 참가한 적이 있는데, 그때 건전한 충고가 얼마나 중요한지 배웠다. 먼저 2킬로미터 정도를 헤엄친 다음, 다시 자전거로 90킬로미터를 달렸다. 이제 21킬로미터 마라톤이 남았다. 하지만 벌써 에너지가 다 떨어져서 어떻게 달려야 할지 막막했다. 옆 주자도 무척 힘들어 보이기에 견딜 만하냐고 물었다가 금방 후회했다.

"이건 미친 짓이에요. 평생 내린 결정 가운데 가장 멍청한 놈을 꼽으라면 단연 이 경기에 참가하기로 한 걸 꼽겠어요." 거기다 대면 납세자가 세무서에다 쏟아 내는 불평쯤은 아주 약과였다.

"그럼, 조심해서 가세요." 얼른 인사하고 내빼는 게 상책이었다. 계속 듣고 있다가는 나도 모르게 맞장구를 칠 것만 같았기 때문이다.

얼마나 더 달렸을까? 이번에는 예순여섯 잡쉈다는 할머니를 만났는데, 아까 그 사람과는 아주 딴판이었다. "힘내요. 완주할 수 있어요. 뜨겁긴 하지만 그래도 비가 내리는 것보다는 백번 낫잖우? 천릿길도 한 걸음부터란 걸 잊지 말아요. 탈수가 되지 않게 주의하고. 끝까지 버텨요!"

계속 할머니와 나란히 뛰고 싶었지만, 금방 숨이 차고 다리가 아파

와 속도를 늦추고 뒤로 처졌다. 할머니는 계속 달리면서 손을 흔들어 보였다. "아무 걱정 말고 천천히 와요!"

어느 쪽 충고를 듣고 싶은가? 성경은 "의견을 수렴하지 않으면 계획은 무산되지만 조언자가 많으면 그 일은 성공한다"(잠 15:22, 우리말성경)고 말한다.

서둘러 기도하고, 좋은 충고를 받아들이며, 절대로 포기하지 말라.

플로렌스 채드윅(Florence Chadwick) 같은 실수를 저지르지 않도록 조심하라. 1952년, 이 여성은 차가운 바닷물을 헤치고 카타리나 섬에서 캘리포니아 해안까지 헤엄쳐 가는 모험에 도전했다. 안개가 잔뜩 낀 데다 파도까지 무척 높았는데도, 무려 열다섯 시간 동안 쉬지 않고 헤엄쳤다. 급기야 근육에 경련이 오기 시작했다. 도전 의지도 많이 약해졌다. 결국 채드윅은 건져 달라고 요구했다. 하지만 보트를 타고 따라오던 엄마는 포기해선 안 된다고 독려했다.

헤엄치고 또 헤엄쳤지만, 너무 지쳐서 수영을 계속할 수가 없었다. 구조대원이 채드윅을 물에서 끌어내 배에 태웠다. 몇 분쯤 노를 젓자 안개가 홀연히 걷혔다. 그런데 이게 웬일인가? 해안까지는 고작 5백 미터도 안 되는 거리였다. 채드윅은 기자 회견 때 이런 말을 남겼다. "안개밖에 안 보였어요. 해안이 보였더라면 포기하지 않았을 겁니다."[주2]

멀리 내다보아야 한다. 저 앞에 있는 바닷가에 주목하라. 슬럼프의 안개에 갇혀 어리석은 결정을 내려서는 안 된다. 두어 번만 팔을 더 저으면 결승점에 도달할 수도 있다. 바로 지금, 하나님이 가브리엘에게 승리의 나팔을 불라는 손짓을 하고 계실지도 모른다. 천사들이 속속 모여들고, 성도들이 찾아온다. 계속하라. 물에서 나와서는 안 된다. 꾸준히 팔을 저어라. 전의를 다시 불태우라. 한 번만 더 은혜를 베풀라. 조금만 더 너그러워져라. 한 시간만 더 가르치라. 한 영혼만 더 격려하라. 한 번만 더 힘차게 물살을 가르라.

다윗은 그렇게 했다. 시글락의 폐허에서는 아직도 연기가 피어 오르고 있다. 바로 그 땅을 딛고 서서 다윗은 힘을 냈다. 가드에서 열여섯 달을 살았다. 블레셋 장수들로부터 배척당했고, 아말렉 군대의 습격을 받았으며, 부하들은 들고 일어섰다. 그러고 나서야 다윗은 정상 궤도를 찾았다. "다윗이 크게 군급하였으나 그 하나님 여호와를 힘입고 용기를 얻었더라"(삼상 30:6).

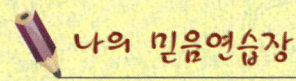

1. 이제는 자신과 상의하지 말라. 쉴 새 없이 초대장을 보내고 계시는 그리스도께 아뢰어라. "수고하고 무거운 짐 진 자들아 다 내게로 오라 내가 너희를 쉬게 하리라"(마 11:28). 지금 머릿 속에서 어떤 종류의 비생산적인 생각을 자신에게 쉴 새 없이 주입하고 있는가?

예수님의 품 안에서 쉬어 본 적이 있는가? 무슨 일이었는가?

그런 경험이 없는가? 어떤 장애물이 그러지 못하도록 가로막고 있는가?

2. 당장 포기하고 싶은 일이나 과제를 구체적으로 말해 보라.

3. 잠언 14장 12절을 읽으라. 블레셋 땅에 잠시 머물렀던 다윗의 경험은 본문이 얼마나 정확하게 진실을 말하고 있는지 보여 준다. 어떤 점에서 그런가?

하나님의 방법은 언제나 인간의 생각보다 탁월하다. 그럼에도 불구하고 사람들이 자기 생각을 더 의지하는 까닭은 무엇인가?

5. 마태복음 11장 28절을 읽으라. 본문은 어떤 약속을 제시하고 있는가?

본문은 어떤 이들에게 주신 약속인가?

{ **당신을 위한 다윗의 전략노트**

'긍정적인 사고 강조 주간'을 정하라. 누구를 만나든지 긍정적인 말을 해 주라. 특히 가게 점원, 이웃, 집배원, 식당 종업원 등 그런 말을 기대하지 않을 만한 인물들을 대상으로 삼으라. 일주일이 지난 뒤에, 자신과 상대방에게 어떤 변화가 일어났는지 적어 보라.

믿음의 주요 또 온전케 하시는 이인 예수를 바라보자
저는 그 앞에 있는 즐거움을 위하여
십자가를 참으사 부끄러움을 개의치 아니하시더니
하나님 보좌 우편에 앉으셨느니라

* * *

Let us fix our eyes on Jesus, the author and perfecter
of our faith, who for the joy set before him endured
the cross, scorning its shame, and sat down at the
right hand of the throne of God

(히 12:2)

3단계 성령을 따라가라
믿음은 사람 대신 말씀을 좇는 것이다

감사함으로 쉼을 누린다 _ 믿음연습 09
아픔은 확실하게 치유한다 _ 믿음연습 10
작은 일도 구한다 _ 믿음연습 11
가능성의 창을 열어 둔다 _ 믿음연습 12

성령을 따라가라 *Facing Your Giants*

믿음연습 09
감사함으로 쉼을 누린다

> 다윗은 스스로 잘나서 승리를 얻은 게 아님을 잘 알고 있다.
> 승리는 마땅히 받아야 할 대가가 아니라 하나님의 선물이다.

얼마 전에 어떤 여성이 강아지 한 마리를 끌고 산책하는 걸 보았다. 좀 더 정확하게 말하자면, 개 한 마리를 질질 끌고 가고 있었다. 끔찍하게 더운 날이었는데, 강아지는 다리가 굳어 버리기라도 한 듯 꼼짝하지 않았다. 그리고는 곧 지글거리는 포장도로 옆에 있는 잔디밭으로 훌쩍 뛰어들어가더니, 아예 배를 깔고 엎드려 버렸다. 주인은 줄을 거칠게 당겨 댔다. 얼마나 승강이를 하던지 마치 무슨 트레일러라도 끄는 것 같았다.

더위에 지친 강아지는 의욕을 완전히 잃어버렸다. 한번 주저앉고 나니 일어날 기력도 없다. 어디 강아지뿐이겠는가? 누구나 '바닥'에 주저앉는 순간이 있다.

"한 건만 더 처리하고 가게나." 상사가 지시한다.

"하루 더 야근할 거야." 남편이 통보한다.

"심부름 할 게 하나 더 있는데." 엄마가 말한다.

"한 번만 봐주라." 친구가 애원한다.

딱 한 번인데, 그냥 들어주면 되지 그까짓 게 뭐 대수냐고 생각하는가? 여태까지 줄곧 처리하고, 참고, 해치우고, 용서하고, 봐주었던 까닭에 더 이상 '한 번만'이 안 통한다는 게 문제다. 지친 강아지마냥 주저앉고 만 것이다. 이웃들이 어떻게 생각하든 상관없다. 하나님이 무얼 원하시든 이젠 알 바 아니다.

성령은 위기를 기회로 만든다

강아지는 잔디밭에, 다윗의 병사들은 브솔 시냇가에 주저앉았다. 그런 곳을 한 번도 들어 본 적이 없겠지만, 반드시 알아 두어야 하는 곳이다. 브솔 시내 이야기는 탈진(脫盡)도서관 서가에 잘 어울린다. 지친 마음을 부드럽게 어루만져 주기 때문이다.

이야기는 시글락의 폐허에서 시작된다. 다윗과 육백 명의 용사들은 블레셋 전선에서 돌아오자마자 말할 수 없이 참혹한 장면을 목격했다. 아말렉 침략자들이 온 마을을 휩쓸어 버린 것이다. 마음껏 분탕질을 치고 나서 아녀자들과 아이들을 인질로 잡아갔다. 병사들의 슬픔은 곧 분노로 바뀌었다. 노여움의 대상은 적이 아니라 다윗이었다. 전쟁터로 데려가는 바람에 아내와 자식들이 무방비 상태로 남게 되었다고 생각하는 것이다. 그래서 다들 주섬주섬 돌멩이를 집어 들었다.

다윗은 이미 그런 대접에 익숙하다. 가족들에게는 늘 무시를 당했다. 사울의 분노를 한 몸에 샀다. 그리고 이번에는 병사들이 자신을 향해 분노의 돌멩이를 집어 들었다. 하지만 다윗은 누구를 불러 모은 적이 없다. 다들 제 발로 찾아들었다. 그런데 그들이 지금 반기를 들고 있는 것이다. 순간 다윗은 미칠 것 같다. 삶의 모든 영역에서 거부당했다는 생각에 다리에 힘이 쫙 풀린다. 그러나 다윗은 가장 힘겨운 시간을 최선의 기회로 바꿔 놓는다.

화가 잔뜩 난 육백여 병사들이 살기를 내뿜는 순간, 그는 하나님을 찾았다. "다윗이 크게 군급하였으나 그 하나님 여호와를 힘입고 용기를 얻었더라"(삼상 30:6).

그렇게 행동할 수 있는 비결을 몸에 배게 하기란 참으로 어렵다. 지원 체계를 아무리 잘 짜 놓아도 구멍이 생기게 마련이다. 친구가 언제나 같은 편이 돼 주는 건 아니다. 목회자들 역시 마음이 변할 수 있고 교회도 외면할 수 있다. 아무도 도와주지 않을 때, 다윗의 전례를 좇아야 한다. 그는 서슴없이 하나님께 돌아섰다.

"내가 이 군대를 추격하면 따라잡겠나이까?"

"그를 쫓아가라 반드시 따라잡고 도로 찾으리라"(삼상 30:8, 개역개정).

(이런 식으로 하나님과 대화하는 건 성자들한테나 가능한 일이라고 생각해 왔다. 지금은 하늘 아버지가 모든 자녀들에게 그렇게 말씀하시며, 있는 그대로 주님을 받아들이는 이들이 곧 성도라는 사실을 배워 가고 있다.)

새롭게 신임을 얻은 다윗은 병사들의 분노가 적을 향하도록 방향을 다시 설정했다. 일행은 아말렉 군사들을 추격하기 시작했다. 용사들은 원정길에서 뒤집어쓴 먼지를 털어버리지도 못한 상태였다. 다윗에 대한 노여움이 완전하게 가신 것도 아니다. 아말렉 군대가 어느 쪽으로 갔는지도 모른다. 사랑하는 식구들이 잡혀 가지 않았더라면 진즉에 포기했을 것이다. 실제로 이백 명은 뒤에 처지고 말았다. 브솔 시냇가에 도착한 일행은 말에서 내려 걸어서 물을 건넌다. 피곤한 몸으로 진창을 걷는 일은 여간 고역이 아니다. 간신히 맞은편 풀밭에 오르자 다시 전진 명령이 내려졌다. 하지만 힘이 빠질 대로 빠진 이백 명은 움직일 줄 모른다. "더는 못 가겠어. 자네들끼리 가시게."

가족을 구하러 가는 일마저 포기했을 정도니 얼마나 피곤했는지 짐작이 간다. 몇 시간 전만 해도 용사들의 각오는 대단했다. 하지만 지금은 피로에 짓눌려 옴짝달싹 못하는 처지가 되었다.

나이가 기력을 앗아 간다. 몇 차례 패배를 겪으면서 기운이 빠질 수도 있다. 이혼에 발목을 잡혀 시냇가에 머무는 경우도 있다. 중독의 장애물에 걸려 넘어지기도 한다. 이유야 어찌 됐든, 교회는 그렇게 물러앉아 쉬는 이들에 대해 어느 정도 책임의식을 가져야 한다.

아울러 브솔 시냇가에 주저앉은 이들을 어떻게 해야 할지 태도를 결정해야 한다. 호되게 꾸짖어야 할까? 창피하게 생각해야 할까? 일단 휴식을 허락하되 시간 제한을 두어야 할까? 다윗이 한 대로 하는 건 어떨까? 다윗은 지친 병사들을 쉬게 했다. 그리고 남은 병사 사백 명을 데리고 다시 추격에 나섰다. 일행은 황량한 벌판으로 점점 더 깊이 들어갔다. 모래언덕 하나를 지날 때마다 실망이 차츰 커져만 간다. 아말렉 군대는 훨씬 전에 지나갔을 뿐만 아니라 아무런 흔적도 남기지 않았다. 그러나 잠시 후, 다윗은 결정적인 전기를 맞는다. "무리가 들에서 애굽 사람 하나를 만나 다윗에게로 데려다가 떡을 주어 먹게 하며 물을 마시우고"(삼상 30:11).

이 이집트인은 어느 아말렉 사람의 하인이었다. 병들어 몸을 제대로 쓸 수 없게 되자, 주인이 굶어죽든 말든 알아서 하라며 광야에다 버리고 간 것이다. 다윗 일행은 종에게 무화과와 건포도 같은 음식을 먹이고 잘 돌봐서 기운을 추스르게 한 뒤에, 이전에 섬기던 무리에게 안내해 달라고 요청했다. 하인은 기꺼이 앞장섰다.

지친 사람을 안아 주라

다윗과 용사들은 매가 쥐를 낚아채듯 삽시간에 적진을 휩쓸었다. 이스라엘 여인과 아이들도 모두 구출했다. 무수한 아말렉 군사들이 전사했다. 간신히 목숨을 건진 군사들은 노략질한 값진 물건들을 내버리고 냅다 도망쳤다. 다윗은 희생양에서 영웅이 되었다. 온 백성이 다윗의 이름을 연호하며 함성을 질렀다. 정말 재미있는 대목은 지금부터다. 현장의 분위기를 완벽하게 체감하기 위해서 이야기 속에 등장하는 인물이 되었다고 생각해 보자. 먼저 구출된 아내라고 생각하자. 집 안에 있다가 갑자기 납치돼서 광야까지 끌려왔다. 언제 죽을지 모른다는 두려움에 떨며 아이들을 꼭 껴안았다. 그러던 어느 날 멋진 용사들이 들이닥쳤다. 강인한 팔뚝이 허리를 감는가 싶더니 순식간에 낙타 잔등이로 끌어올린다. 특공대를 보내서 구조해 주신 하나님께 감사하는 한편, 사방을 두리번거리며 남편의 얼굴을 찾는다.

"여보, 여보! 어디에 있어요?" 큰소리로 불러 본다.

구조대원이 고삐를 당겨 낙타를 세운다. "바깥양반은 여기 없어요. 후방에 남았거든요."

"왜요? 거기서 뭘 하고 있는 거죠?"

"다른 병사들이랑 브솔 시냇가에 남아서 쉬고 있어요."

아마도 그 아내는 막대를 집어 들며 한마디했을 것이다. "쉬고 있다고? 그래, 이번 기회에 아주 푹 쉬게 해 주지!"

다음은 구조대원이 돼 보자. 다윗의 명령이 떨어지는 순간, 목숨을 걸고 적진에 뛰어들었다. 이제 승리를 거머쥐고 브솔 시냇가로 돌아간다. 마지막 산마루에 올라서니, 저 아래로 뒤에 처졌던 이백 명의 병사들이 병영을 오가는 게 보인다.

"얌체 같은 놈들!"

자기는 생사를 걸고 싸우는 동안 그들은 두 다리 뻗고 잠을 잤을 걸 생각하니 속에서 울컥 화가 치민다.

다윗의 용사들은 속이 쓸쓸하다. "그들이 우리와 함께 가지 아니하였은즉 우리가 도로 찾은 물건은 무엇이든지 그들에게 주지 말고 각 사람의 처자만 주어서 데리고 떠나가게 하라"(삼상 30:22). 구조된 아내들은 화가 잔뜩 났다. 구조대원들의 마음은 원망으로 가득하다. 그렇다면 쉬고 있던 이백 명의 심정은 어땠을까? 쥐구멍에라도 들어가고 싶었을 것이다. 이제 다윗이 어떻게 좌중을 진정시키는지 보자.

> 내 형제들아, 그렇지 않다. 여호와께서 우리를 보호하셔서 우리를 치러 온 군대를 우리 손에 넘겨주셨다. 그러므로 이 모든 것은 여호와께서 주신 것이니 그렇게 생각하면 안 된다. 너희가 하는 말을 누가 듣겠느냐? 싸움에 나갔던 사람의 몫이 있듯이 남아서 물건을 지키던 사람도 그 몫이 있는 것이니 모두가 똑같이 나눠야 한다(삼상 30:23-24, 우리말성경).

다윗이 무어라 표현했는가? "남아서 물건을 지키던 사람"이라고 말한다. 이백 명 가운데 누구도 남아서 물건을 지키겠다고 요청한 적이 없다. 그냥 쉬고 싶어 했을 뿐이다. 하지만 다윗은 뒤에 처지기로 한 이들이 쉰 게 아니라 일을 한 것처럼 이야기했다. 브솔 시냇가에 머물렀던 지친 병사들의 입장을 존중해 준 것이다.

다윗은 평생에 걸쳐서 여러 가지 탁월한 업적을 남겼다. 물론, 어리석은 잘못도 그만큼 자주 저질렀다. 그러나 특별한 주목을 받지 못하는 이 사건이야말로 가장 고상한 행동으로 꼽을 만하다.

언젠가, 누군가는 다윗의 행적을 읽고서 교회 이름을 '브솔 시냇가 사람들의 모임'이라고 지을 것이다. 그게 바로 교회의 존재 이유인지도 모르기 때문이다. 교회란 본래 지친 병사들이 힘을 회복하는 자리이다. 「다윗 : 현실에 뿌리박은 영성(Leap over a wall, IVP역간)」에서 유진 피터슨은 편지 끝에다 '브솔 시냇가에서'라고 써 보내곤 하던 친구 이야기를 했다.주1 그런 마음을 가지고 사는 이들이 얼마나 많은지 모르겠다. 너무 지쳐서 더는 싸울 수가 없다. 너무 부끄러워 감히 불평할 엄두도 내지 못한다. 전투에 나갔던 이들이 승리의 대가를 요구하는 걸 말없이 바라본다. 시냇가에는 아직도 수많은 이들이 앉아 있다.

지금 당신이 브솔 시냇가에 머물고 있는가? 그럼 알아 둬야 할 게 있다. 쉬는 게 잘못이 아니다. 예수님은 다윗의 원형이다. **우리가 피곤해서 싸우지 못할 때, 그분이 대신 싸우신다.** 갈 수 없는 곳에 대신 가신다. 우리가 두 손 놓고 앉아 있어도 화내지 않으신다. 오히려 "따로 한적한 곳에 와서 잠깐 쉬어라"(막 6:31) 하고 말씀하신다.

브솔은 안식을 준다. 더불어 브솔 시내는 교만하지 말라고 경고한다. 다윗은 스스로 잘나서 승리를 얻은 게 아님을 잘 알고 있었다. 사막에서 만난 이집트인이 앞장서 길을 안내해 준 덕분이었다. 노력해서 얻은 게 아니다. 승리는 마땅히 받아야 할 대가가 아니라 선물이었다. 그런 처지인데, 어떻게 지쳐서 주저앉은 이들을 비난하겠는가?

피곤한가? 그럼 한숨 돌려라. 힘이 있어야 싸움도 할 수 있다.

힘이 넘치는가? 그렇다고 지친 이들을 함부로 판단하지 말라. 누구나 바닥에 주저앉을 수 있다. 브솔 시냇가의 교훈을 기억해 두면 그런 상황에 빠졌을 때 큰 힘이 될 것이다.

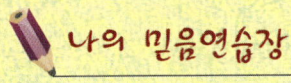 나의 믿음연습장

1. 자신의 삶을 돌아보라. 하나님께로 돌아가지 않으면 문제 해결이 불가능한 영역이 있는가? 어떤 부분인지 적어 보라.

   최근 브솔 시냇가에 주저앉았던 경험이 있는가? 다윗에게서 머물러도 좋다는 허락을 받았는가?

2. 주저앉아 쉬는 걸 예수님이 싫어하시는 것 같은 느낌이 들었던 적이 있었는가? 어떤 경우였는가?

우리가 싸울 수 없을 때 주님은 어떤 방식으로 대신 싸우시는가? 구체적인 예를 들어 보라.

4. 마가복음 6장 31절을 읽으라. 제자들의 활동량은 어느 정도였다고 생각하는가? 자세히 설명해 보라.

피곤한 제자들에게 주님은 어떤 처방을 내리셨는가?

{ **당신을 위한 다윗의 전략노트**

잠시 멈추고 쉬는 건 정말 아무런 문제가 없다. 한숨 돌리고 여유를 누리며 새 힘을 얻을 수 있는 곳으로 가라. 마당을 거닐든지, 공원을 산책하든지, 드라이브를 나가라. 재충전에 도움이 되는 일이라면 뭐든지 하라. 휴대전화를 꺼 놓으라. 일은 잊으라. 쉬라. 하나님은 그런 모습을 기뻐하신다.

성령을 따라가라 *Facing Your Giants*

믿음연습 10
아픔은 확실하게 치유한다

누구에게나 골리앗의 손이 우악스럽게 어깨를 짓누르는 느낌이 들 때가 있다. 다윗이 그랬던 것처럼, 선택의 기로에 서게 된다. 골리앗에게 등을 돌리고 도망칠 것인지, 아니면 맞서 싸울 것인지 결정해야 한다.

경찰서에서 전화가 왔다. "유감입니다. 남편께서 교통사고로 돌아가셨습니다."

친구에게 전화를 건다. "의사가 그러는데, 가망이 없대"라는 얘기를 전해야 한다.

군인들이 찾아와서 엄숙한 표정으로 말한다. "이런 소식을 전하게 돼 유감입니다."

순간, 봄은 겨울이 되고, 푸르던 하늘은 캄캄해진다. 새들도 입을 다물고, 슬픔이 칼바람처럼 가슴을 파고든다. 사망의 음침한 골짜기에서 피어난 냉기가 마음을 차갑게 얼려 버린다.

상실의 무게를 깊이 느끼라

다윗을 찾아온 사람은 경찰관도, 친구도, 군인도 아니었다. 친구의 부고를 들고 시글락까지 숨이 턱에 닿도록 달려온 인물은 낯모르는 아말렉인이었다. 옷은 다 찢어져서 너덜거리고 머리칼은 흙으로 범벅이 됐다. "군사가 전쟁 중에서 도망하기도 하였고 무리 중에 엎드러져 죽은 자도 많았고 사울과 그 아들 요나단도 죽었나이다"(삼하 1:4).

요나단이 누구인가? 형제보다 가까운 벗이요, 다윗의 목숨을 구해주고 가족을 보살펴 주겠노라고 철석같이 약속한 친구였다.

사울은 하나님의 선택을 받은 인물이었다. 하나님이 세우신 왕이다. 물론 다윗을 악착같이 쫓아다니며 심히도 괴롭혔지만, 그렇다고 기름 부음을 받은 지도자라는 사실이 달라지지는 않는다.

하나님의 선택을 받은 왕이 죽었다. 흉금을 터놓을 수 있는 가장 가까운 친구도 죽었다. 다윗은 다시 한 번 거인과 맞닥뜨린다. 이번엔 골리앗이 아니라 슬픔이라는 괴물이다.

누구나 거인의 손이 우악스럽게 어깨를 짓누르는 듯한 느낌이 들 때가 있다. 시글락에서가 아니라 응급실에서, 아이가 누워 있는 병실에서, 엉망으로 부서진 자동차 앞에서, 총알이 난무하는 전쟁터에서 그런 감정에 휩싸인다. 그리고 다윗이 그랬던 것처럼, 선택의 기로에 선다. 거인에게 등을 돌리고 도망칠 것인지, 아니면 맞서 싸울 것인지 결정해야 한다. 십중팔구는 슬픔을 피해 달아난다.

문득 〈외로운 비둘기(Lonesome Dove)〉라는 영화가 생각난다. 노련한

카우보이 대장과 어린 목동이 다른 목부들과 어울려서 텍사스에서 몬태나까지 소 떼를 몰고 가는 얘기이다. 어느 날, 목동과 가깝게 지내던 친구가 물에 들어갔다가 독사에 물려 죽고 만다. 대장 우드로 콜(Woodrow Call)은 느릅나무 그늘에다 시신을 묻고 나서 괴로워하는 뉴트(Newt)에게 충고한다. "애야, 그만 잊어버려라. 죽음을 다루는 방법은 그것뿐이란다. 잊어버려야 해."

하긴, 그것 말고 또 무슨 수가 있겠는가? 죽음은 이루 말할 수 없는 상처를 남기고, 수많은 질문들을 던진다. 등을 돌리고 달아나고 싶은 마음이 절로 든다. 화제를 바꾸고 문제를 회피한다. 미친 듯이 일에 몰두하고, 멀리 이사하는 걸 선택한다. 그쪽으로는 고개도 돌리지 않는다.

하지만 그런 태도를 취하는 한 비싼 대가를 치를 수밖에 없다. 사별을 뜻하는 영어단어 'bereavement'는 본래 강탈한다는 뜻을 가진 'reave'라는 말에서 나왔다. 사전을 찾아보면 '억지로 빼앗다, 약탈하다, 박탈하다' 따위의 설명이 붙어 있을 것이다. 죽음은 모든 걸 빼앗아 간다. 생일잔치, 휴가, 산책, 차 한잔 나누며 나누는 대화들처럼 미래에 함께 나눌 시간들을 앗아 간다. 암으로 부인을 잃은 C. S. 루이스는 이런 글을 남겼다. "아내의 부재는 하늘처럼 모든 것들 위에 펼쳐져 있다."주1

슬픔이라는 괴물이 사라졌다고 생각하는 순간, 그녀가 좋아하던 노래가 들려 온다. 즐겨 쓰던 향수 냄새가 나고, 둘이 자주 가던 식당

앞을 버릇처럼 서성거린다. 거인은 쉴 새 없이 출몰한다. 슬픔이라는 거인이 상처를 헤집고 쑤셔 댄다.

걱정이 수그러들지 않는다. "다음엔 또 뭐지?"

죄책감으로 괴롭다. "그때 말할 걸. 왜 한마디도 하지 못했을까."

그리움이 사무친다. 부부가 나란히 걷는 모습이라도 볼라치면 먼저 떠난 이가 보고 싶어 가슴이 아파 온다. 아빠 엄마의 손을 잡고 가는 아이들을 보면 잃어버린 자식 생각에 목이 메인다.

거인은 잠도 식욕도 모두 빼앗아 간다. 건망증이 심해지고 불쑥불쑥 자살 충동이 일어난다. 슬픔 자체가 정신질환이 될 수는 없겠지만, '이러다간 미치고 말지' 싶을 때가 한두 번이 아니다.

아무리 가까운 친구도 이해하지 못한다. 심지어 당사자조차도 모르고 있을 수 있다. 하지만 깊이 느껴 보라고 권하고 싶다. 상실의 무게를 실감해 보라. 게임에서 졌다거나 열쇠를 잃어버린 게 아니다. 사랑하는 이를 잃은 슬픔은 절대로 잊히지 않는다. 결국 다윗처럼 슬픔의 깊은 수렁 속으로 빠져들고 만다.

슬픈 마음을 쏟아내라

사울과 요나단이 죽었다는 소식을 듣고 다윗은 "사울과 그 아들 요나단을 생각하며 이 노래로 슬퍼하"(삼하 1:17, 우리말성경)며 불렀다. 무수한 전쟁터를 용맹무쌍하게 누비던 장수가 굳은살 박인 손에 수염이 텁수룩한 얼굴을 파묻고 흐느낀다. "다윗이 자기 옷을 잡아 찢으매 함

께 있는 모든 사람도 그리하고 사울과 그 아들 요나단과 여호와의 백성과 이스라엘 족속이 칼에 죽음을 인하여 저녁 때까지 슬퍼하여 울며 금식하니라"(삼하 1:11-12).

내로라하는 용사들이 언덕을 뒤덮었다. 장정들이 무리 지어 걸으며 눈물을 흘리고 소리 높여 운다. 옷을 찢고 땅을 치며 아픔을 쏟아낸다. 슬픔을 만났다면 당신도 그렇게 해야 한다. 마음에서 상처를 씻어 내야 한다. 가라앉았던 자리가 덧나면 다시 씻어 내라. 눈물이 강을 이룰 때까지 계속하라.

예수님은 그렇게 하셨다. 사랑하는 친구의 무덤 앞에서 눈물을 흘리셨다(요 11:35). 왜 그리 하셨던 걸까? 머잖아 나사로가 살아날 것을 모르셨던 것일까? 그럴 리가 없다. 무덤 입구를 열게 하고 "나사로야 나오너라"고 외치신 분이 바로 주님이 아닌가? 그렇다면 왜 눈물을 흘리신 걸까? 여러 가지 대답이 나올 수 있겠지만, 놓치기 쉬운 사실이 있다. 죽음은 역겨운 냄새를 풍기고, 생명력을 마비시킨다. 예수님은 그래서 우셨던 것이다.

주님이 눈물을 흘리셨으므로 우리도 그럴 수 있다. 마이어(F. B. Meyer)는 이렇게 말한다.

> 예수님은 우셨다. 베드로도 울었다. 에베소교회 교인들은 다시는 그 얼굴을 볼 수 없을 것이라는 생각에 사도 바울의 목을 껴안고 눈물을 흘렸다. 슬픔에 잠긴 이들 곁에는 그리스도가 계신다. '울어라, 얘들아. 얼마든지 애통해 하거라. 나도 울지 않았느냐?'라고 말씀하신다. 눈물은 먹구름에서 쏟아지는 맹렬한 소나기처럼 뜨거워진 머리를 식혀 준다. 눈물은 참을 수 없는 고뇌를 풀어 준다. 하천 제방이 중간에 터지면 댐에 가해지는 홍수의 압력이 줄어드는 것과 마찬가지이다. 하나님이 가장 아름다운 무지개를 빚어내는 재료, 그게 바로 눈물이다.주2

예수님이 얼마나 오래 우셨는지는 알 수 없다. 다윗이 얼마 동안이나 눈물을 흘렸는지도 알 길이 없다. 그러나 자신이 얼마쯤이나 애통해 왔는지는 잘 알고 있을 것이다. 이제 슬픔을 잘라내도 괜찮을 것 같다. 이집트인들은 여섯 달 동안 검은 옷을 입는다. 모슬렘들은 일 년간 상복을 입는다. 전통을 따르는 유대인들은 부모상을 당하면 열한 달 동안 매일 기도를 드린다. 50년 전만 하더라도 미국인들 역시 몇 주간에 걸쳐 팔뚝에 검은 띠를 찼다.주3 요즘은 어떤가? 너나없이 아픔을 빨리 떨어버리려고 발버둥을 친다.

충분히 아파하라

슬픔을 치유하는 데는 시간이 필요하다. 그러므로 스스로에게 여유를 주어야 한다. 성경은 "지혜자의 마음은 초상집에 있으되 우매자의 마음은 연락하는 집에 있느니라"(전 7:4)고 말한다. 그리고 성경 곳곳에 탄식하며 눈물을 흘리는 이들의 이야기가 담겨 있다. 시편의 70퍼센트는 비가(悲歌)이다. 다윗의 아들은 "슬픔이 웃음보다 나음은 얼굴에 근심함으로 마음이 좋게"(전 7:3) 된다고 말한다.

인생의 가장 심오한 문제는 대개 슬픔의 동굴에서 다루게 된다. '왜 여기에 있게 됐을까? 앞으로 어떤 일들이 일어날까?' 무덤가를 거닐다 보면 까다롭지만 반드시 짚고 넘어가야 할 중요한 질문들이 떠오른다. 다윗은 깊은 죄책감에 사로잡혔다. "내가 탄식함으로 곤핍하여 밤마다 눈물로 내 침상을 띄우며 내 요를 적시나이다"(시 6:6).

나중에는 "내 생명은 슬픔으로 보내며 나의 해는 탄식으로 보냄이여 내 기력이 나의 죄악으로 약하며 나의 뼈가 쇠하도소이다"(시 31:10)라고 고백하기에 이르렀다.

하나님이 원망스러운가? 주님께 말씀 드리라. 넌더리가 난다고 말하고 싶다면 그렇게 해라. 괜찮지 않은데 괜찮은 척하기가 고되지 않은가? 그렇다면 이제 그만 솔직해져라.

하나님 앞에서 정직했던 친구들이 있었다. 토머스와 안드레아 데이비슨 내외(Thomas and Andrea Davidson)는 어디선가 갑자기 날아온 총알에 열네 살짜리 아들, 타일러(Tyler)를 잃었다. 토머스는 이렇게 말했다.

괜찮으냐는 질문으로 융단폭격을 당했다. 그때마다 '그걸 질문이라고 해요? 아들이 죽었다고요! 산다는 게 끔찍해요. 세상이 끝장나 버렸으면 좋겠어요'라고 쏘아붙이고 싶었다.^{주4}

다윗은 다양한 표현을 사용했다. 하지만 슬픔을 숨기려 하지 않는 태도만큼은 언제나 한결같았다.

> 오호라 두 용사가 엎드러졌도다
> 이스라엘 딸들아 사울을 슬퍼하여 울찌어다
> 내 형 요나단이여 내가 그대를 애통함은
> 그대는 내게 심히 아름다움이라
> 그대가 나를 사랑함이 기이하여 여인의 사랑보다 승하였도다
> 오호라 두 용사가 엎드러졌으며 싸우는 병기가 망하였도다
> (삼하 1:19, 24, 26-27).

다윗은 예배할 때만큼이나 슬퍼할 때도 창의적이었다. "다윗이 이 슬픈 노래로 사울과 그 아들 요나단을 조상하고 명하여 그것을 유다 족속에게 가르치라 하였으니"(삼하 1:17-18).

다윗은 온 이스라엘 민족들에게 애도를 명령했다. 개인적인 슬픔을 공적인 정책으로 전환한 것이다. 죽음을 있는 그대로 받아들이고 윤색하거나 퇴색시키지 않았다. 피하지 않고 맞서 싸웠다. 하지만 단

한 번도 죽음을 부정하지 않았다. 다윗의 아들 솔로몬은 "천하에 범사가 기한이 있고 모든 목적이 이룰 때가 있나니 … 울 때가 있고 웃을 때가 있으며 슬퍼할 때가 있고 춤출 때가"(전 3:1, 4) 있다고 설명한다.

자신에게 그럴 여유를 주어야 한다. 마음껏 눈물 흘리고, 시간을 들여 정직하게 슬픔과 맞서라. 데살로니가 교인들에게 보낸 편지에서 바울은 그리스도인이라면 슬퍼하되 "소망 없는 다른 이와 같이 슬퍼하지"(살전 4:13) 말아야 한다고 가르친다.

오직 하나님만이 죽음에 관해 명쾌한 결론을 가지고 계신다. 들을 준비가 되어 있다면, 사랑했던 이들의 처음과 끝을 상세하게 설명해 주실 것이다. 그들은 세상이라는 병원에서 퇴원했다. 그런데 우리는 아직도 병실을 서성이고, 소독약 냄새를 맡고, 식판에 담겨 나오는 음식을 먹는다. 떠난 이들은 나들이를 즐기고, 봄기운을 만끽하며, 꽃들이 만발한 들판을 걷고 있는데 말이다. 그들은 고통도, 의심도, 갈등도 없이 잘 지내고 있다. 하늘나라에서 더할 나위 없이 행복하다.

하루빨리 그리운 이들을 보고 싶지 않은가? 인생은 쏜살같이 흘러간다. "주께서 내 삶을 한 뼘만큼 짧게 하셨고 내 일생이 주가 보시기에 아무것도 아니니 제 아무리 높은 자리에 있어도 사람이란 헛될 뿐입니다"(시 39:5, 우리말성경).

아이를 학교 앞까지 바래다 주고 마치 다시는 못 볼 것처럼 눈물을 흘리는가? 아내를 가게 앞에 내려 주고 주차하러 가면서 임종 때나 나눔 직한 마지막 인사를 주고받는가? 그렇게 하는 사람은 아무도 없을 것이다. 그저 가벼운 마음으로 "금방 갔다 올게"라고 얘기하면 그만이다. 흙이 채 마르지도 않은 무덤을 내려다보며 "곧 따라갈게"라고 약속했는가? 잘한 일이다. 말처럼 눈 깜짝할 새에 다시 만날 날이 올 것이다.

"소망 없는 다른 이와 같이"(살전 4:13) 슬퍼할 필요가 없다. 꿋꿋하게 슬픔과 맞서라. 눈물 흘릴 시간을 충분히 가지라. 하나님은 모두 이해하신다. 하나님은 무덤의 슬픔을 아신다. 하나뿐인 아들을 땅에 묻으셨던 경험이 있기 때문이다. 그러나 하나님은 부활의 기쁨도 아신다. 거룩한 권능에 힘입어 우리도 그 기쁨에 동참하게 될 것이다.

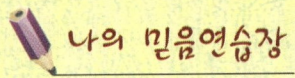 나의 믿음연습장

1. 잊은 줄 알았던 슬픔이 불쑥 솟아난 적이 있는가? 어떤 경우였는가?

   자기 앞에 닥친 슬픔을 어떻게 처리하고 있는가?

3. 지금 견뎌 내고 있는 가장 큰 슬픔은 무엇인가? 구체적으로 이야기해 보라.

4. 사무엘상 31장부터 사무엘하 2장까지 읽으라. 하나님이 사울과 함께 요나단을 죽게 하신 까닭은 무엇인지 자신의 생각을 이야기해 보라.

다윗은 어째서 아말렉 청년에게 그토록 가혹한 처분을 내렸는가?

다윗과 요나단의 우정은 참으로 돈독했다. 둘의 우정에서 무엇을 배울 수 있는가?

당신을 위한 다윗의 전략노트

현대문화 속에서는 마음껏 슬퍼하기가 쉽지 않다. 슬퍼하는 데도 정도가 있다고 생각한다. 남들이 보는 앞에서는 슬픔을 감춰야 하는 줄 안다. 올바로 슬퍼하는 길을 더 깊이 연구하고 싶다면, C. S. 루이스가 쓴 「헤아려 본 슬픔 *(A Grief Observed)*, 홍성사 역간」을 읽어 보라.

성령을 따라가라 *Facing Your Giants*

믿음연습 11
작은 일도 구한다

> 조심하라. '느낌'을 근거로 어리석은 짓을 저지르는 이들이 얼마나 많은지 모른다. 하나님은 성경말씀에 어긋나는 행동을 하도록 인도하시지 않는다.

나는 툭하면 길을 잃어버린다. 약도를 들고 나서도 헷갈리긴 마찬가지이다. 빤한 길인데도 우왕좌왕하기 일쑤다. 화장실은 아래층에 있다는 표지도 제대로 해석 못해서 쩔쩔맨다. 실제로 한 식당에서 여자화장실을 기웃거리는 바람에 여럿이 식겁했다.

- 호텔에서 방을 못 찾아 허둥거리다가는 프런트에 가서 열쇠가 안 맞는다고 따졌다. 직원이 확인한 결과, 다른 층을 헤매고 있었다는 게 드러났다. 남의 방문을 따려고 진땀을 뺐던 것이다.
- 몇 년 전에는 공항 주차장에 세워 놓은 차가 감쪽같이 없어졌다. 물론 아무도 훔쳐 가지 않았다. 전혀 다른 주차 구역에 가

서 차를 찾았으니 보일 리가 없었다.
- 비행기에 올라타고 한숨 푹 자고 났더니 이상한 도시가 나타났다. 엉뚱한 게이트로 들어간 것이었다.
- 휴스턴에서 샌안토니오로 고속도로를 타고 오다가 기름을 넣으러 잠깐 국도로 나갔다. 연료를 채우고 다시 고속도로로 들어왔는데, 한 30분쯤 가다 보니 풍경이 낯이 익었다. 다시 휴스턴으로 돌아가고 있었던 것이다.
- 시애틀에 강연하러 갔을 때 일이다. 나름대로 충분한 여유를 두고 호텔을 빠져나와 강연장으로 가는 길이었다. 그런데 광고탑의 시계를 보니 엉뚱한 시간을 가리키고 있는 게 아닌가? 시차를 계산하지 않았던 것이다. 두말할 것도 없이 행사에는 지각했다.
- 아침에 운동을 하러 나갔다가 다시 호텔로 돌아와서 아침식사를 했다. 투숙객에게 무료로 제공되는 아침 뷔페에 가서 가볍게 두 접시를 비웠다. 문득 내가 묵고 있는 호텔에서는 아침식사를 제공하지 않는다는 사실이 떠올랐다. 옆 호텔에 들어와 있었던 것이다.

철새가 이런 방향감각을 가지고 있었다면 따뜻한 남쪽나라는커녕 알래스카에서 겨울을 나야 했을 것이다. 콜럼버스는 항해를 시작하면서도 어디로 가는지조차 몰랐고, 대륙에 도착했으면서도 어디에 와 있는지 전혀 감을 잡지 못했으며, 돌아와서도 어딜 다녀왔는지 새까 맣게 몰랐다고 했던가? 그게 남의 일이 아니었다.

하나님을 의지하는 습관

여러분은 어떤가? 다들 비슷하리라고 생각한다. 길눈이 워낙 밝아 길을 잃은 적은 없어도 누구나 한두 번쯤은 삶의 교차로에서 방향을 잃고 머리를 긁적이게 마련이다. 방향감각 하나는 타고났다고 자부하는 이들조차도 고개를 갸우뚱할 수밖에 없다.

- 계속 이 직장엘 다녀야 할까? 아니면 그만둬?
- 청혼을 받아들여야 하나, 말아야 하나?
- 나가서 독립할까? 좀 더 기다리는 게 좋을까?
- 집을 지을까? 그냥 사는 게 나을까?

'하나님이 내게 원하시는 게 무언지 어떻게 알 수 있을까?'처럼 평생을 좌우할 만큼 중요한 질문들도 있다. 다윗도 똑같은 질문을 했다. 사울과 요나단이 전사했다는 소식을 들은 직후였다. 갑자기 권력에 공백이 생겼다. 마음만 먹으면 금방 닿을 수 있는 자리에 왕좌가 있다. 하지만 다윗은 손을 내밀기 전에 먼저 전후를 살핀다.

그 후에 다윗이 여호와께 물어 가로되 내가 유다 한 성으로 올라

가리이까 여호와께서 가라사대 올라가라 다윗이 가로되 어디로
가리이까 가라사대 헤브론으로 갈찌니라 (삼하 2:1).

**다윗은 선택의 기로에 서면 습관적으로 하나님을 의지했
다.** 그때마다 아주 흥미로운 도구를 사용했는데, 바로 에봇이다. 에봇
의 연원을 따지자면, 사울을 피해 처음으로 도피를 시작하던 당시로 거
슬러 올라가야 한다. 다윗은 놉의 제사장들에게 가서 위안을 찾으려고
했다. 사울은 도망자를 숨겨 주었다는 이유로 제사장들을 심하게 나무
랐을 뿐만 아니라, 편집증이 심해진 뒤에는 모조리 잡아다가 처형해
버렸다. 화를 면한 제사장은 아비아달 한 명뿐이었다. 아비아달은 목
숨만 건진 게 아니었다. 목숨보다 귀한 에봇까지 챙겨 들고 도망쳤다.

> 아히멜렉의 아들 아비아달은 그일라에 있는 다윗에게 도망쳐 갈
> 때 에봇을 가져갔습니다. … 다윗은 사울이 자기를 잡기 위한 음
> 모를 꾸미고 있다는 것을 알고 제사장 아비아달에게 에봇을 가져
> 오게 했습니다. 다윗이 하나님께 여쭈었습니다. '이스라엘의 하나
> 님 여호와여, 주의 종이 분명히 듣기로 사울이 저 때문에 그일라
> 로 와서 이 성을 치려고 한답니다. 그일라 성 사람들이 저를 사울
> 에게 넘겨주겠습니까? 주의 종이 들은 대로 사울이 내려오겠습니
> 까? 이스라엘의 하나님 여호와여, 주의 종에게 말씀하소서.' 그
> 러자 여호와께서 말씀하셨습니다. '그가 올 것이다.' 다윗이 다시

여쭈었습니다. '그일라 성 사람들이 정말로 저와 제 부하들을 사울에게 넘겨주겠습니까?' 그러자 여호와께서 말씀하셨습니다. '그들이 넘겨줄 것이다.' 그래서 다윗은 600명 정도 되는 부하들을 이끌고 그일라를 떠나 이곳저곳으로 옮겨 다녔습니다. 사울은 다윗이 그일라에서 떠났다는 말을 듣고 출전하려다가 그만두었습니다 (삼상 23:6, 23:9-13, 우리말성경).

다윗은 에봇을 입고 하나님께 간구했으며 응답을 받았다. 시글락이 불타 버린 뒤에도 비슷한 일이 있었다. 마을이 잿더미로 변하자 부하들의 표정이 험악하게 일그러졌다.

다윗은 아히멜렉의 아들인 제사장 아비아달에게 말했습니다. '내게 에봇을 가져다 주시오.' 아비아달이 에봇을 가져오자 다윗은 여호와께 여쭈어 보았습니다. '제가 저 약탈자들을 쫓아가야 합니까? 제가 그들을 따라잡겠습니까?' 여호와께서 대답하셨습니다. '저들을 쫓아가거라. 네가 그들을 따라잡아 반드시 모두 구해낼 것이다!' (삼상 30:7-8, 우리말성경).

질문도 믿음이다

대체 에봇이 무엇이기에 그토록 영험한 효과가 있을까?
에봇이 처음 등장한 건 이스라엘 백성이 광야를 떠돌던 시절이었다. 모세는 이 옷을 지어서 대제사장 아론에게 입혔다. 대단히 화려한, 일종의 예복이었다. 하얀색 아마포에다 청색, 자색, 홍색, 금색 실로 수를 놓았다. 열두 가지 보석을 물린 흉패가 가슴을 장식했다. 흉패에는 다이아몬드(또는 그와 비슷한 보석) 한두 개(세 개일 수도 있다)가 달려 있었다. 우림과 둠밈이라고 하는데, 정확한 뜻은 아직 밝혀지지 않았지만, '빛'과 '완전'을 의미한다는 주장이 현재로서는 가장 유력하다.

하나님은 이 돌들을 통해 제사장들에게 거룩한 뜻을 보여 주곤 하셨다. 그 방식에 대해 고대 작가들은 몇 가지 구체적인 방식을 제시한다.

- 하나님이 허락하실 때는 우림과 둠밈에서 빛이 났다는 설.
- 돌에는 움직이는 문자들이 들어 있었는데, 그것들이 어떻게 모이고 흩어지느냐에 따라 하나님의 뜻을 판단했다는 설.
- 우림과 둠밈은 거룩한 제비로, 그걸 뽑아서 주님의 심중을 헤아렸다는 설.주1

사용방법에 대해서는 다양한 추측이 가능하다. 하지만 우림과 둠밈의 가치에 관해서는 굳이 얘기할 필요가 없다. 그렇게 신기한 도구를 소중하게 생각하지 않을 사람이 세상에 어디 있겠는가? 어떡해야 할지 판단이 서지 않을 때마다 다윗은 경건한 마음으로 간구했고, 어김없이 응답을 받았다.

사울이 쫓아올까요? 그럴 것이다.

사람들이 정말 저를 사울에게 넘겨줄까요? 분명히 넘겨줄 거야.

적들을 추격하는 게 좋을까요? 그렇다.

적들을 따라잡을 수 있을까요? 그렇고 말고.

다윗에게만이 아니라, 오늘을 사는 그리스도인들에게도 하나님은 그렇게 하신다. 우리가 여쭤 보면 그분은 대답하신다. 부르짖으면 응답하신다. 에봇이 수중에 있다니, 신나지 않는가? 다윗에게나 가능한 일이라는 소리를 들었는가? 믿을 말이 못 된다. 하나님은 한결같으신 분이므로, 앞길을 인도해 주시겠다는 약속은 여전히 유효하다.

내가 너의 갈 길을 가르쳐 보이고 너를 주목하여 훈계하리로다(시 32:8).

너는 범사에 그를 인정하라 그리하면 네 길을 지도하시리라(잠 3:6).

너희가 우편으로 치우치든지 좌편으로 치우치든지 네 뒤에서 말소리가 네 귀에 들려 이르기를 이것이 정로니 너희는 이리로 행하라 할 것이며(사 30:21).

내 양은 내 음성을 들으며 나는 저희를 알며 저희는 나를 따르느니라(요 10:27).

다윗을 인도하셨던 바로 그 하나님이 우리를 이끄신다. 인간을 만드신 창조주께 자문을 구하기만 하면 된다.

물어보고 결정을 내렸더라면 좋았을 텐데, 그러지 못해 몹시 안타

까웠던 사건이 최근에 있었다. 그날은 회의에 참석해야 했기 때문에 다른 날보다 일찍 일어났다. 빈속으로 나가기가 뭐해서 마땅한 먹을거리가 없을까 여기저기 뒤져 보았다. 마침 부엌 식탁 위에 비닐봉지 하나가 놓여 있었다. 아내와 딸아이는 아침 일찍부터 학교에서 열리는 바자회에 가고 없었다. 빵과 과자를 구워 파는 행사였다. 머리가 착착 돌아갔다. '아내가 나 먹으라고 남겨 둔 모양이네. 아침 대신 쿠키를 먹는 것도 괜찮지.'

얼른 하나를 집어 들어 입 속에 넣었다. 그런데 좀 지나치게 질겼다. 속으로 생각했다. '느낌이 재미있는걸? 지중해 연안에서 먹는 질긴 빵이랑 비슷하군.' 두 번째 걸 깨물었다. 어딘지 모르게 요상한 느낌이 들었지만, 커피랑 섞이니까 아주 독특한 맛이 났다. 조금 아쉬워서 하나 더 먹었다. 아직도 성이 차지 않았지만, 남은 게 하나뿐이어서 아내 몫으로 남겨 두기로 했다.

그날 낮에 아내에게서 전화가 왔다. "여보, 누가 비닐봉지에 손을 댄 것 같아요."

순순히 자수했다. "아하, 쿠키 말이지? 아침 밥 대신 먹었는데. 나쁘지 않던걸?"

"여보, 그건 쿠키가 아니예요."

"그럼 뭔데?"

"집에서 만든 강아지 비스킷이예요."

그제야 모든 의문이 풀렸다. 왜 그렇게 질겼는지, 어째서 맛이 그렇게 맹탕이었는지 다 알 것 같았다. 하루 종일 강아지처럼 배를 긁적이고 발을 떨어 댔던 이유도 혹시 그것 때문이었을까? 앞으로 전봇대만 보면 나도 모르게 한쪽 다리를 치켜들게 되지나 않을지 걱정스럽다.

말씀으로 내면을 만지신다

만든 이에게 물어보고 먹는 게 순리였다. 그러므로 인생을 사는 일이라면 인간을 만드신 창조주께 여쭤 볼 필요가 있다. 우림과 둠밈이 없어서 곤란하다고 말하고 싶은가? 우리에게는 성경이 있다. 망설이지 말고 성경을 읽어라.

> 하나님의 말씀은 살았고 운동력이 있어 좌우에 날선 어떤 검보다도 예리하여 혼과 영과 및 관절과 골수를 찔러 쪼개기까지 하며 또 마음의 생각과 뜻을 감찰하나니 (히 4:12).

세상에 이런 책이 어디에 또 있겠는가? 성경말씀에는 생명력이 있다. 명사는 맥박이 뛴다. 온갖 수식어는 근육이 꿈틀거린다. 각종 동사는 이쪽에서 저쪽으로 건너뛰며 나불거린다. 하나님은 이런 단어들을 통해 일하신다. 외과의사에게 수술장갑이 있다면, 주님께는 성경이 있다. 말씀을 통해서 자녀들의 깊고 깊은 내면을 어루만지신다.

하나님의 손길을 느껴 본 적이 있는가? 외로움이 사무치는 깊은 밤, 히브리서 13장 5절을 읽어 보라. "내가 과연 너희를 버리지 아니하고 과연 너희를 떠나지 아니하리라." 말씀이 위로가 되어 어깨를 부드럽게 감싸 안는 것 같지 않은가?

근심이 평안을 좀먹을 때, 누군가가 빌립보서 4장 6절을 일러준다. "아무것도 염려하지 말고 오직 모든 일에 기도와 간구로 너희 구할 것을 감사함으로 하나님께 아뢰라." 말씀을 듣는 순간, 안도의 한숨이 새어 나온다.

게으름이 호시탐탐 삶에 끼어들 틈을 엿본다. 순간, 골로새서 3장 23절이 떠오르고 마지못해 움직이는 자신의 태도를 돌아보게 된다. "무슨 일을 하든지 마음을 다하여 주께 하듯 하고 사람에게 하듯 하지 말라." 마음에서 이런 말씀이 들리는데도 무시해 버릴 수 있겠는가?

말씀을 생활에 적용하라. "그리스도의 말씀이 너희 속에 풍성히 거하여 모든 지혜로 피차 가르치며 권면하고 시와 찬미와 신령한 노래를 부르며 마음에 감사함으로 하나님을 찬양하고"(골 3:16).

"주의 종이 듣겠나이다"(삼상 3:10)라고 고백했던 사무엘처럼 성경을 열고, 마음을 열고, 귀를 활짝 열어라.

성경을 가지고 있는가? 성경을 펼쳐 들어라.

믿음 안에서 식구처럼 지내는 이들이 있는가? 그들에게 도움을 청하라. 다른 이들 역시 같은 문제를 붙들고 씨름하고 있다. 결코 혼자만 당하는 어려움이 아니다. 남들도 똑같은 어려움을 당하고, 비슷한 문제를 두고 방황한다. 먼저 경험한 이들의 조언에 귀를 기울이라. "여러분을 인도하는 사람들을 신뢰하고 순종하십시오. 이는 그들이 여러

분의 영혼을 위해 마치 자신들이 하나님께 아뢰야 할 사람들인 것처럼 깨어 있기 때문입니다"(히 13:7, 우리말성경).

결혼생활이 삐걱거리는가? 화목한 부부를 찾아가라. 기업을 경영하다가 윤리적인 딜레마에 빠졌는가? 그리스도인 기업인에게 조언을 구하라. 직장을 그만두고 싶은가? 사표를 던지기 전에 주변의 의견을 두루 들어 보라. 자칫 실수했다간 퇴직과 동시에 가족과 돈을 모두 잃어버릴 수 있다. "미련한 자는 자기 행위를 바른 줄로 여기나 지혜로운 자는 권고를 듣느니라"(잠 12:15).

에봇을 입거나 우림과 둠밈을 만지작거리라는 얘기가 아니다. 예수님의 피를 나눈 가족을 만나 보라는 말이다. 어떻게 어려움을 헤쳐 나가야 할지 알려 줄 것이다. 그들은 이래라저래라 하지 않으면서 스스로 결정을 내릴 수 있도록 도와줄 수 있다.

그리스도인이라면 하나님을 향한 갈망이 있을 것이다. 그 목소리에 귀를 기울이라. 그리스도는 거룩한 열망을 일깨워 주신다. "너희 안에서 행하시는 이는 하나님이시니 자기의 기쁘신 뜻을 위하여 너희로 소원을 두고 행하게 하시나니"(빌 2:13).

마음에 소망하는 바가 있는가? 어떤 선택이 말할 수 없이 깊은 평안을 불러오는가?

집을 옮기기로 결정하고 마땅한 물건을 찾던 중에 마침 적당한 집이 나섰다. 구조는 나무랄 데 없이 훌륭한데, 가격이 문제였다. 이사하는 게 현명하겠다고 생각하면서도 어쩐지 마음이 편치 않았다. 무얼 해도 자꾸 생각이 나고 그때마다 마음이 초조해졌다. 결국 분양사무실로 달려가서 입주 희망자 명단에서 이름을 뺐다. 지금도 정확하게 무엇 때문에 그토록 안절부절못했는지 모른다. 어쨌든 평안이 없었다.

얼마 전에 인종화합을 위한 집회에 나와서 연설해 달라는 요청을 받았다. 차마 입이 떨어지지 않았지만 정중히 거절했다. 그런데 다음 날부터 자나깨나 그 일이 머릿속을 맴돌았다. 어쩔 수 없이 가겠노라고 연락을 했다. 행사를 무사히 끝낸 지금까지도 어째서 거기 가야겠다고 작정하게 됐는지 통 알 수가 없다. 아무튼 결심을 굳히고 난 뒤부터 마음이 편해졌다. 어쩐지 그래야 할 것 같아서 결정을 내리는 경우가 있다. 누가는 데오빌로에게 복음을 소개하면서 "제 자신도 그 모든 사건을 처음부터 면밀히 조사해 당신을 위해 순서대로 써 보내는 것이 좋겠다는 생각이 들었습니다"(눅 1:3, 우리말성경)라고 했다.

"좋겠다는 생각이 들었습니다"라는 말에 주목하라. 갈림길에 서서 망설이는 속내가 아주 잘 드러난다. 누가는 가능한 대안들을 꼼꼼히 검토한 뒤에 '좋겠다'고 생각되는 길을 선택했다.

유다도 비슷한 과정을 밟았다. 사실은 구원 문제를 이야기하는 편지를 쓸 계획이었지만, 왠지 마음이 불편했다. 유다서 3절을 보자.

> 사랑하는 자들아 내가 우리의 일반으로 얻은 구원을 들어 너희에게 편지하려는 뜻이 간절하던 차에 성도에게 단번에 주신 믿음의 도를 위하여 힘써 싸우라는 편지로 너희를 권하여야 할 필요를

느꼈노니.

"뜻이 간절"이나 "필요를 느꼈노니"와 같은 표현을 곱씹어 보라. 어째서 유다는 그런 마음을 품었을까? 구원에 대해 이야기하는 것이야말로 하나님이 원하시는 일이 아니던가? 하나님은 "자기의 기쁘신 뜻을 위하여 너희로 소원을 두고 행하게"(빌 2:13) 하시는 분이다.

성령의 음성에 귀 기울이는 훈련

하나님은 자녀들의 마음에 '소원'을 주신다. 한 가지 주의할 것이 있다. '느낌'을 근거로 어리석은 짓을 저지르는 이들이 얼마나 많은지 모른다.

"아내가 감쪽같이 속아 넘어가도록 하나님이 인도하셨어요."
"주님이 담대한 마음을 주셔서 통지서를 무시해 버렸습니다."
"상상의 눈을 가려 주셨는지 거짓말을 해도 모르더군요."
"이웃에 사는 기혼녀를 사랑하도록 이끌어 주셨어요."

하나님은 성경말씀에 어긋나는 행동을 하도록 인도하시지 않는다. 주님은 거룩한 가르침을 짓밟지 않으신다. "주님이 이끌어 주셔서"라는 말을 함부로 쓰지 말라. 스스로 저지른 죄를 하나님의 인도하심으로 포장해선 안 된다. 하나님은 누군가에게 거짓말하고, 속이고, 상처를 주라고 자녀들을 부추기지 않으신다. 다만 성경말씀과 건실한 그리스도인들의 조언을 통해 신실하게 이끌어 주신다.

에봇도, 우림과 둠밈도 필요 없다. 우리들의 마음에는 하나님의 영이 거하신다. 지금으로부터 백여 년 전, 마이어(F. B. Meyer)라는 신학자는 이렇게 말했다.

> 하나님의 자녀들은 저마다 우림과 둠밈을 가지고 있다. … 죄 없는 양심, 그리스도의 보혈로 깨끗해진 마음, 하나님의 영으로 충만한 영혼 … 세상을 살다가 어려운 일에 부딪혔는가? 문제를 싸들고 하나님께 가라. 주님의 미소와 거절을 불기둥과 구름기둥으로 삼아 방향을 잡으라. … 세상의 빛과 그림자가 방해할 수 없는 곳, 자기의지라는 훼방꾼이 끼어들지 못하는 곳, 인간적인 생각이 손을 뻗치지 못하는 곳에 홀로 머물라. … 주변에서 어서 결정하고 움직이라고 성화를 하더라도 응답을 기대하며 잠잠히 기다리라. 하나님의 뜻이 분명해질 것이다. 창조주와 그분의 성품에 대해 새로운 시각과 더 깊은 통찰을 갖게 될 것이다.주2

하나님을 향한 갈망에 귀를 기울이라.

믿음 안에서 식구처럼 지내는 이들이 있는가? 그들에게 도움을 청하라. 성경을 가지고 있는가? 어서 펼쳐 들어라.

이제 인생의 거인급 문제들에 대처할 준비는 완전히 끝났다. 하나님은 자녀들을 사랑하시므로 정처 없이 방황하도록 내버려 두시지 않는다. 그분을 신뢰하라.

나의 믿음연습장

1. 하나님은 우리를 부르실 때 무슨 일을 하며 어떤 인물이 되기를 기대하셨는가? 주님의 부르심을 가장 중요한 삶의 목표로 잡고 있는가?

2. 하나님의 뜻을 분별하기 위해 누군가에게 도움을 청할 때가 있는가? 얼마나 자주 그렇게 하는가?

3. 하나님을 향한 갈망이 어느 정도인지 자신의 상태를 다음 여덟 단계 중에서 골라 보라.
   ① -40도   ② -20도   ③ -10도   ④ -5도
   ⑤ 차지도 덥지도 않은   ⑥ 20도   ⑦ 60도   ⑧ 100도

4. 성경말씀에 힘입어 느낌에 휩쓸려 어리석은 짓을 저지르지 않았던 경험이 있으면 적어 보라. 주변 사람들의 사례도 좋다.

5. 잠언 3장 5절을 보라. 하나님의 뜻을 찾기 위해 거룩한 자녀들이 해야 할 일은 무엇인가? 이 말씀을 자신의 말로 설명해 보라.

당신을 위한 다윗의 전략노트

자신을 향한 하나님의 뜻을 얼마나 정확하게 파악하고 있는가? 성경은 거룩한 뜻을 찾아 행하라고 수없이 권면한다. 성구사전을 가져다 놓고 '하나님의 뜻'이라는 말이 들어간 말씀들을 찾아서 묵상해 보라.

성령을 따라가라 *Facing Your Giants*

믿음연습 12
가능성의 창을 열어둔다

남들이 뻔한 일들에 관심을 쏟을 때, 다윗은 비범한 길을 찾았다.
아무도 기대하지 않았던 일을 한 덕분에 누구도 꿈꾸지 못했던 목표를 성취했다.
창의적으로 문제를 해결하라.

피트(Pete)는 길거리에 털썩 주저앉아 건물 벽에 머리를 기댔다. 생각 같아서는 벽에다 머리를 마구 들이받고 싶었다. 또 엉망진창이 되어 버렸기 때문이다. 누구나 말실수를 한다. 하지만 피트처럼 날마다 그러는 사람이 또 있을까? 무심코 말도 안 되는 소리를 툭툭 내뱉는다. 시도 때도 없이 멍청한 얘길 해 댄다. 그때마다 누군가에게 상처를 준다. 오늘 밤에는 가장 친한 친구 마음에 치명상을 입혔다. 혓바닥이 제멋대로 나불거리지 못하도록 입에다 자물쇠라도 채워 놓고 싶은 심정이다.

참담하기는 조(Joe)도 마찬가지이다. 이 불쌍한 친구는 마땅히 일할 만한 데가 없다. 그래도 직장 경력은 화려하다. 히말라야 산맥처럼 잘

나갔다 거꾸러졌다 요동을 친다. 처음에는 가업을 이어받아 운영했다. 하지만 이사회의 결의로 밀려나고 말았다. 고용사장으로 들어간 회사에서도 해고됐다. 엎친 데 덮친 격으로 고소까지 당해 지금은 수형생활 중이다. 미래는 사하라 사막처럼 황량하다. 무슨 일을 해도 백발백중 다 망했으니, 조가 불안해하는 것은 당연하다.

조 못지않게 불안해하는 여성이 있다. 직장이 아니라 결혼생활이 문제다. 두 번의 결혼이 모두 실패로 끝났다. 세 번째 시도가 수포로 돌아갈 즈음에는 이혼에 관해서는 거의 박사가 되었다. 이혼 법정에 네 번째 갈 때까지는 그래도 '다음에 잘하면 되지'라고 생각했지만, 다섯 번째가 되자 완전히 포기하고 말았다. 결혼생활에 관해서라면 회복 불능의 파산자가 된 것이다.

누구에게나 아킬레스건이 있다. 피트는 생각하지 않고 말부터 한다. 조는 일을 벌이는 족족 실패한다. 결혼생활을 당나귀가 경마에서 우승하는 것만큼이나 힘들어하는 여인도 있다.

자신을 돌아보라. 어떤 문제가 악착같이 달라붙어서 좀처럼 떨어지지 않는가? 살짝살짝 남을 속이는가? 쓸데없이 의심이 많은가? 근심에서 헤어나지 못하는가? 쉽게 남들을 정죄하는가? 당신의 아킬레스건은 어디인가? 어떤 악습과 나쁜 태도에 물들어 있는가? 사탄이 당신 마음 어디에 요새를 구축해 놓았는가?

사탄은 약점을 발견하면 그 요새에 교두보를 설치하고 즉시 그 둘레에 성벽을 쌓기 시작한다. 그리곤 서슴없이 하늘나라에 도전한다.

"여긴 이제 내 땅이야. 누구든 건드리기만 해봐라."

욱하는 기질에, 허약한 자아상에, 냉장고를 통째로 집어삼킬 듯한 식탐에, 권위를 인정하지 않는 태도에 미처 주님의 도움의 손길이 미치지 못하도록 물샐틈없는 차단벽을 쌓는 것이다.

시간은 왔다가 다시 흘러간다. 그러나 사탄이 쌓아올린 요새는 영혼의 호수 밑바닥에 괴물처럼 도사리고 있으면서 수면에 떠오를 틈을 호시탐탐 노린다. 절대로 멀리 떨어져나가지 않는다. '전략적으로 중요한 지점을 단단히 지키는 방어시설'이라는 이름값을 톡톡히 한다. 곰을 잡으려고 설치해 놓은 덫 같아서 뿌리치려고 몸부림을 칠수록 상처는 더 깊어진다.

뿌리가 깊고 공략하기 어려우며 상대방에게 좌절감을 안겨 주는 장애물, 그게 바로 요새이다.

주님을 제한하지 말라

예루살렘을 바라보면서 요셉은 요새를 떠올렸다. 그리스도인들은 예루살렘이라면 성전과 예언자들의 도시를 먼저 생각한다. 예수님이 뭇 백성을 가르치시고 신약교회가 자라나는 장면을 그린다. 역사의 중심으로 번성하는 거대한 성읍을 상상하는 것이다.

하지만 BC 1000년경, 다윗의 눈에 비친 예루살렘의 모습은 판이하게 달랐다. 예루살렘은 산등성이를 뒤로한 채 거만하게 버티고 선 쓸쓸한 천년 고도(古都)일 뿐이었다. 울퉁불퉁한 자갈길을 한참 거슬러 올라가야 성채에 이를 수 있다. 성벽은 까마득히 높고, 그 안에는 여부스 족속이 살고 있다. 아무도 여부스 족속을 성가시게 굴지 않는다. 블레셋 사람들은 아말렉 부족들을 공격하고, 아말렉인들은 히브리인들에게 덤벼든다. 하지만 여부스 족속에게는 아무도 신경을 쓰지 않는다. 모래밭 한쪽 구석에 따리를 틀고 있는 방울뱀을 대하듯, 보고도 못 본 척 내버려 둔다.

그런데 다윗은 달랐다. 이스라엘의 왕이 되기가 무섭게 예루살렘을 노리기 시작했다. 물려받은 왕국은 아직 분열된 상태였고, 백성들은 강력한 지도자가 아니라 탄탄한 본거지를 원했다. 현재 근거지로 삼고 있는 헤브론은 너무 남쪽으로 치우쳐 있어서 북부 부족들을 복속시키기에 불편했다. 그렇다고 지나치게 북쪽으로 올라가면 남부 지역이 고립될 우려가 있었으므로, 중근동 지역 한복판에 있는 성읍을 차지해야 했다.

다윗은 예루살렘을 탐냈다. 모르긴 해도 수없이 예루살렘 성벽을 쳐다봤을 것이다. 성장기를 보낸 베들레헴은 남쪽으로 하룻길에 불과했다. 사울의 추격을 피했던 엔게디의 동굴 역시 멀지 않은 곳에 있었다. 그러므로 예루살렘에 관해서라면 누구보다 잘 알고 있었음에 틀림없다.

왕과 그의 부하들은 예루살렘으로 행군했습니다. 거기 살고 있는 여부스 사람들을 공격하려는 것이었습니다. 여부스 사람들이 다윗에게 말했습니다. '너는 여기 들어오지 못할 것이다. 눈먼 사람이나 다리 저는 사람이라도 너를 쓸어버릴 수 있을 것이다.' 그러나 다윗이 시온 산성을 점령했으므로 그곳 이름을 다윗 성이라고 했습니다. 그날 다윗이 말했습니다. '누구든지 수로를 따라 올라가 다윗이 미워하는 저 다리 저는 사람과 눈먼 사람 같은 여부스 사람들을 쳐부수는 사람은 대장이 될 것이다.' 그리하여 '눈먼 사람과 다리 저는 사람은 왕궁에 들어가지 못할 것이다'라는 속담이 생겼습니다. 다윗은 그 성을 점령하고 거기 거하며 그 성의 이름을 다윗 성이라고 불렀습니다. 그리고 밀로에서부터 안쪽으로 성벽을 둘러쌓았습니다(삼하 5:6-9, 우리말성경).

예루살렘은 요새의 조건을 완벽하게 갖추고 있었다. 덕분에 여부스 군사들은 포대에 몸을 감추고 사다리를 기어오르는 적군에게 마음껏 화살을 날려 보낼 수 있었다. 공격하는 쪽에서는 보기만 해도 기가 질릴 수밖에 없었다. 성 안의 주민들이 조롱하던 말만 들어 봐도 사정이 어떠한지 짐작하고도 남는다. "너는 여기 들어오지 못할 것이다. 눈먼 사람이나 다리 저는 사람이라도 너를 쓸어 버릴 수 있을 것이다"(삼하 5:6, 우리말성경).

거기다 사탄은 끊임없이 낙심시키는 얘기들을 속삭여 댄다.

"죽도록 발버둥쳐 봐라. 나쁜 습관이 없어지나."

"걸레를 빨아 댄다고 행주가 되냐?"

"중독에서 벗어나시겠다고? 꿈도 야무지셔."

조롱하는 목소리가 귀에 들려 오는가? 그 순간 다윗과 똑같은 마음가짐으로 대응하라. 바로 '그러나'라는 말이다.

"그러나 다윗이 시온 산성을 점령했으므로."

시온 산성은 유서 깊은 도시요, 성벽은 난공불락이다. 게다가 멸시하는 얘기를 들으면 마음은 약해지게 마련이다. 그러나 다윗은 시온 산성을 점령했다.

삶의 이력서에다 '그러나'라는 말을 집어넣을 생각이 없는가? 하나님을 사랑하는 마음이 선명하게 드러날 것이다.

"어려서부터 술에 젖어 살았습니다. 그러나 지금은 맑은 정신으로 살고 있습니다."

"대학에는 가 본 적도 없습니다. 그러나 장사하는 데는 일가견이 생겼습니다."

"퇴직하기 전에는 성경을 펴 본 적도 없었습니다. 그러나 지금은 깊고도 변함없는 믿음을 갖게 되었습니다."

누구에게나 '그러나'가 있어야 한다. 하나님은 어떠한 장애도 모두 뛰어넘으신다. 주님께 요새 따위는 아무것도 아니다. 사도 바울의 이야기를 기억하는가? "우리의 싸우는 병기는 육체에 속한 것이 아니요 오직 하나님 앞에서 견고한 진을 파하는 강력이라"(고후 10:4).

분별해서 들으라

우리는 이쑤시개를 들고 전쟁터에 나가지만, 하나님은 성벽을 무너뜨릴 수 있는 무기와 대포를 들고 오신다. 다윗에게 해 주셨던 그대로 우리에게 베풀어 주신다. 문제는 다윗처럼 행동할 수 있겠느냐 하는 것이다.

다윗은 케케묵은 목소리들은 못 들은 척 무시해 버렸다. 누군가 성벽 위에서 놀려 대는가? 다윗처럼 무시해 버려라. 조롱에 아랑곳하지 말고 다윗처럼 묵묵히, 해야 할 일에만 몰두하라.

오랜 세월이 흐른 뒤에, 느헤미야라는 인물이 나타나 똑같은 자리에서 원수들과 마주했다. 시대는 달라졌지만, 대처 방식은 다윗과 똑같았다. 다른 점이 있다면 이쪽이 성벽 위에 서고, 멸시하는 말을 늘어놓는 무리들이 아래쪽에 있었다는 것뿐이다. 빨리 감기 버튼을 눌러서 다윗으로부터 오백 년이 지난 시점으로 가 보자.

예루살렘성은 폐허가 되고 수많은 선지자들이 포로로 끌려갔다. 느헤미야는 성벽을 재건하는 건축사업을 주도한다. 모리배들은 줄기차게 몰려와 공사를 당장 중단하라고 으름장을 놓는다. 성을 다시 쌓을 수도 없고 그래서도 안 된다며 수없이 많은 이유들을 늘어놓는다. 하지만 느헤미야는 듣는 시늉도 안 한다. "내가 이제 큰 역사를 하니 내려가지 못하겠노라 어찌하여 역사를 떠나 정지하게 하고 너희에게

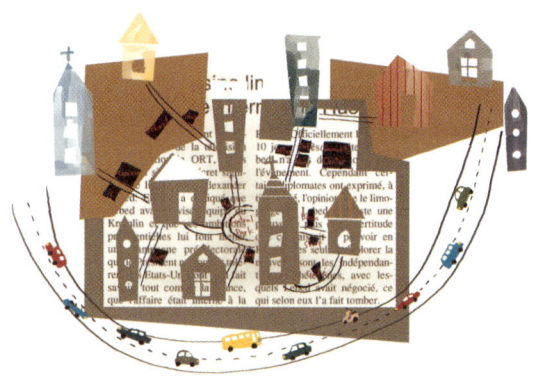

로 내려가겠느냐"(느 6:3).

'조용히' 단추를 눌러 반대자들의 목소리를 없애 버린 것이다. 예수님도 그렇게 하셨다. 사탄이 던진 간단하면서도 의미심장한 세 가지 시험에 성경말씀 세 구절로 응수하셨다. 주님은 마귀가 대꾸할 여지를 남기지 않으셨다. 베드로는 그리스도에게 십자가를 피해 가시라고 조언했다. 그런 생각을 용납하실 수 없었던 주님은 단박에 잘라버리셨다. "사단아 내 뒤로 물러가라"(마 16:23). 예수님이 "물러가라 이 소녀가 죽은 것이 아니라 잔다"(마 9:24)고 말씀하시자 거기 있던 이들이 다 비웃었다. 하지만 그리스도는 비웃는 무리를 향해 아무 말씀도 하지 않으셨다. "무리를 내어 보낸 후에 예수께서 들어가사 소녀의 손을 잡으시매 일어나는지라"(마 9:25).

다윗과 느헤미야는 물론 예수님까지 이야기를 가려 들으셨다. 그리스도인이라면 마땅히 그 뒤를 따라야 하지 않겠는가?

마음속에서 두 가지 생각이 끊임없이 다툰다. 한편에서는 "그래,

할 수 있어" 하고, 다른 편에서는 "안 돼, 못해!"라고 말한다. 이쪽에서는 "주님이 도와주실 거야"라고 말하지만, 반대쪽에서는 "하나님이 널 버리신 지가 언젠데"라고 속삭인다. 한켠에서 하나님의 능력을 선포하면 다른 쪽에서는 인간의 실패를 강조한다. 세워 주고 싶어 하는 이가 있는가 하면, 어떻게든 무너뜨리려고 안달이 난 쪽도 있다.

여기서 반드시 염두에 두어야 할 게 있다. 들어야 할 말과 그렇지 않은 말을 가리는 것이다. 왜 조롱하는 목소리에 솔깃하는가? 어째서 멸시하는 목소리에 신경을 쓰는가? 하나님의 음성을 들을 수 있는데, 왜 얼간이 같은 얘기에 귀를 쫑긋 세우는가?

다윗의 모범을 따르라. 케케묵은 헛소리는 못 들은 척하는 게 상책이다. 그렇게 하면 새로운 음성에 귀가 열릴 것이다. 다들 성벽을 볼 때, 다윗은 땅굴을 보았다. 남들이 뻔한 일들에 관심을 쏟을 때, 다윗은 비범한 길을 찾았다. 아무도 기대하지 않았던 일을 해 낸 덕분에 누구도 꿈꾸지 못했던 목표를 성취했다. 창의적으로 문제를 해결하라.

믿음에도 창의력이 필요하다

성적인 유혹과 힘겨운 싸움을 치른 젊은 연인들을 알고 있다. 두 사람은 신혼여행 때까지 순결을 지키고 싶었지만 자신이 없었다. 그래서 다윗처럼 해보기로 했다. 남들과 전혀 다른 방식으로 문제에 접근했다. 결혼생활을 잘 꾸려 가고 있는 성숙한 부부들에게 도움을 청했다. 유혹이 너무 심하다 싶으면 언제든지 전화할 수 있도록 허락도 받았다. 성벽이 너무 높았으므로 땅굴을 뚫기로 한 것이다.

알코올의 요새를 공격했던 친구도 있다. 그 친구의 전략은 아주 신선했다. 자신이 취한 것처럼 보이면 언제든지 한 대씩 후려쳐 달라고 나를 포함해 몇몇 친구들에게 부탁했다. 성벽이 너무 높았으므로 땅굴을 뚫기로 한 것이다.

어느 여성은 근심에 맞서 싸우기 위해 긴 성경본문을 암송하기로 마음먹었다. 여기저기 자주 출장을 다니는 영업사원은 호텔 측에 부탁해 텔레비전을 치우게 했다. 성인영화를 보고 싶은 생각을 아예 싹부터 잘라 버리기 위해서였다. 편견이 너무 심해서 고민이던 친구는 소외 계층이 몰려 사는 동네로 이사해서 새로운 친구를 사귀어 가며 태도를 고쳐 나갔다.

성벽이 너무 높다 싶으면 땅굴을 뚫어라.

다윗은 예루살렘 성벽에 뚫은 구멍에서 새로운 소망을 찾았다. 우리도 그럴 수 있다. 다윗의 땅굴에서 멀지 않은 곳에 그리스도의 무덤이라고 알려진 굴이 있다. 다윗에게 터널이 있었다면, 우리에게는 주님의 무덤이 있다.

> 그의 힘의 강력으로 역사하심을 따라 믿는 우리에게 베푸신 능력의 지극히 크심이 어떤 것을 너희로 알게 하시기를 구하노라 그 능력이 그리스도 안에서 역사하사 죽은 자들 가운데서 다시 살리시고 하늘에서 자기의 오른편에 앉히사 (엡 1:19-20).

다윗처럼 행하라. 케케묵은 헛소리는 못 들은 척 무시해 버려라. 눈을 크게 뜨고 새로운 길을 선택하라.

'그러나' 신앙을 갖게 해 달라고 기도하고 있는가? 사랑이 많으신 하나님은 자녀들이 새로운 선택을 하도록 도우실 것이다.

생각보다 말이 앞서 늘 실수만 하던 피트에게도 새로운 길을 주셨다. 피트의 혀를 장악하고 있던 사탄의 요새를 주님이 헐어 버리신 것이다. 어떻게 그렇게 장담하는지 궁금한가? 사도행전 2장을 펴고 베드로의 오순절 설교를 읽어 보라. 하나님은 성급한 베드로를 사도 베드로로 바꿔 놓으셨다(눅 22:54-62).

무슨 일을 해도 실패만 하던 조를 기억하는가? 그렇다면 요셉을 보라. 그는 이집트의 총리대신 자리까지 올랐다(창 37-50). 다섯 번 이혼한 여성은 남자들에게는 버림을 받았지만, 예수님으로부터는 가르침을 받았다. 성경은 여인이 온 마을사람들에게 그리스도를 소개했다고 전한다. 사마리아 여인은 예수님의 첫 번째 선교사였던 셈이다(요 4:1-2). "우리의 싸우는 병기는 육체에 속한 것이 아니요 오직 하나님 앞에서 견고한 진을 파하는 강력이라"(고후 10:4)는 사실을 뒷받침하는 증거는 그 밖에도 수두룩하다.

베드로는 입만 열었다 하면 실수를 저질렀다. 요셉은 이집트 감옥에

갇혔다. 사마리아 여인은 다섯 번이나 결혼했다. 예수님은 죽어서 무덤에 들어갔다. 그러나 베드로는 복음을 전했고, 요셉은 나라를 다스렸으며, 여인은 그리스도를 소개했고, 예수님은 부활하셨다. 이제 우리 차례다.

이력서의 빈칸을 채워라. '그러나' 역사가 기다리고 있다.

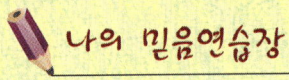 나의 믿음연습장

1. 사탄은 약점을 발견하면 거기다 교두보를 설치하고 서슴없이 하늘나라에 도전한다. "여기는 내 땅이야. 누구든 건드리기만 해봐라." 사탄이 당신의 마음 속 어디에 요새를 구축해 놓았는가?

   요새들을 허물어 버리기 위해 어떤 노력을 기울였는가?

   하나님이 당신 삶의 이력서에다 이미 기록해 주신 '그러나'가 있으면 적어 보라.

2. 다윗에게 해 주셨던 그대로 자신에게도 베풀어 달라고 기도해 본 적이 있는가? 하나님은 어떻게 응답하셨는가?

3. 사무엘하 5장 6-10절을 읽으라. 본문에서 다윗은 어떤 저항에 부닥쳤는가? 상대의 방해를 어떻게 물리쳤는가?

다윗이 날이 갈수록 강해진 이유는 무엇인가?(10절)

다윗이 보여 준 모범에 따라 앞길을 가로막고 있는 장애물들을 돌파할 수 있는 최선의 방법은 무엇인가?

{ **당신을 위한 다윗의 전략노트**

혼자 감당하기는 너무 버거운 상대와 싸우고 있는가? 신뢰할 만한 성숙한 친구를 찾아서 요새를 허물 수 있도록 도와 달라고 요청하라. 지속적인 간구가 성공과 실패를 가른다. 친구에게도 기도를 부탁하라. 요새를 공격하는 과정을 일지 형식으로 기록해 두라.

복음에는 하나님의 의가 나타나서 믿음으로
믿음에 이르게 하나니 기록된바 오직 의인은
믿음으로 말미암아 살리라 함과 같으니라

* * *

For in the gospel a righteousness from God is
revealed, a righteousness that is by faith from
first to last, just as it is written:
"The righteous will live by faith."

(롬 1:17)

4단계 선택하고 집중하라
믿음은 삶의 수준을 높인다

모든 상황에서 예배를 택한다 _ 믿음연습 13

사랑은 성실하게 표현한다 _ 믿음연습 14

낮은 자리를 찾아 움직인다 _ 믿음연습 15

회개의 타이밍을 놓치지 않는다 _ 믿음연습 16

선택하고 집중하라 *Facing Your Giants*

믿음연습 13
모든 상황에서 예배를 택한다

하나님의 가장 큰 선물은 그분 자신이다. 주님이 우리 안에 계신다.
기뻐해야 할 이유가 충분하지 않은가?

한 사람은 죽었는데 다른 이는 춤을 춘다. 한쪽은 땅에 쓰러진 채 미동조차 하지 않는데, 상대편은 펄펄 뛴다. 사무엘하 2장에 나오는 이야기로, 숨이 끊어진 건 제사장 웃사이고, 춤을 추는 쪽은 이스라엘의 임금 다윗이다. 어떻게 이런 일이 벌어졌는지 전후관계를 살펴보면 이해하는 데 도움이 될 것이다.

웃사의 죽음과 다윗의 춤은 모두 언약궤와 관련이 있다. 언약궤는 모세가 주문해서 제작한 직사각형 상자이다. 높이가 119센티미터, 폭이 70센티미터 정도니까 그다지 큰 편도 아니다. 언약궤 안에는 상하지 않은 만나가 담긴 황금항아리와 싹이 돋은 아론의 지팡이, 하나님이 손수 새겨 주신 돌판 등 히브리인들이 소중하게 여기는 세 가지 물건이 들어 있다. 속죄소라고 부르는 무거운 금판이 궤의 뚜껑 구실을 한다. 금으로 만든 그룹 둘이 날개를 활짝 편 형상으로 얼굴을 마주한 채 속죄소를 내려다보고 있다. 이는 율법과 백성들의 필요를 두루 감찰하시는 여호와의 지엄하심을 나타낸 것이다. 언약궤는 주님의 예비하심(만나)과 권능(지팡이), 거룩한 계명(십계명 돌판)을 두루 보여 주지만, 무엇보다도 하나님의 임재를 상징한다.

모든 신앙 행위가 성전을 중심으로 이뤄지던 시기에는 일 년에 한 번씩 대제사장이 언약궤 앞에 나아갔다. 개인적으로 속죄의 제물을 드린 뒤에 지성소에 들어간다. 전례에 따라서 발목에는 기다란 밧줄을 묶는다. 혹시라도 하나님의 임재와 충돌해서 죽게 되면 밧줄을 당겨 시신을 끌어내야 했기 때문이다.

언약궤의 중요성을 지나치게 강조하는 게 어쩐지 허풍처럼 느껴지는가? 그렇지 않다. 예수님이 태어난 구유가 발견된다면 다들 얼마나 귀히 여길지 생각해 보라. 십자가는 더 말할 것도 없을 것이다. 주님이 못 박힌 바로 그 십자가가 나타난다면 너나없이 애지중지할 게 틀림없다.

그렇다면 참으로 이상한 노릇이다. 어째서 이스라엘 백성은 그토록 중요한 언약궤를 소중하게 간수하지 않았던 걸까? 놀랍게도 언약궤는 예루살렘에서 서쪽으로 11킬로미터쯤 떨어진 어느 제사장의 집에 30년이 넘도록 방치되어 있었다. 신경 쓰는 이가 없어서 존재조차 묻힐 판이었다. 다윗은 왕좌에 오르자마자 그 문제부터 해결하기로 작정했다. 특히 예루살렘에 정착한 뒤에는 언약궤의 귀환을 가장 중요한 과제로 설정했다. 국가의 보물을 되찾는 역사적인 날을 기념해서 행진을 벌이기로 하고, 3만 명에 이르는 백성을 초대했다.

아비나답의 집 앞에 수많은 군중들이 몰려들었다. 제사장의 두 아들 웃사와 아효주1가 수송 임무를 맡았다. 황소가 끄는 수레에 언약궤를 싣고 드디어 행진을 시작했다. 트럼펫이 울리고, 합창단은 노래를 부른다. 3킬로미터쯤까지는 모든 게 순조로웠다. 그런데 험한 길을 만나 황소가 비틀거리는가 싶더니 수레가 흔들리고 언약궤가 기우뚱 기울어졌다. 땅바닥에 떨어지기라도 하면 큰일이라고 생각한 웃사는 황망히 손을 내밀어 붙잡았다. 바로 그 순간, 하나님이 그를 치셨다. 성경은 "그가 거기 하나님의 궤 곁에서 죽었습니다"(삼하 6:7, 우리말성경)라고 전한다.

돌연히 벌어진 불상사로 한창 고조되던 행진 분위기가 엉망이 되어 버렸다. 백성들은 우르르 집으로 돌아갔다. 낙심한 왕도 예루살렘으로 발길을 돌렸다. 다윗이 모든 상황을 정확하게 파악할 때까지, 언약궤는 오벳에돔의 집에다 보관하기로 했다. 그리고 석 달쯤 지난 뒤에 다시 돌아와 방주를 되찾고 행진을 재개한 걸 보면, 다윗이 문제를 제대로 해결했던 모양이다. 이번에는 아무도 죽지 않았고, 신나는 춤판이 벌어졌다. "다윗은 베 에봇을 입고 여호와 앞에서 온 힘을 다해 춤을 추었습니다"(삼하 6:14, 우리말성경).

자기 편한 대로 섬기지 말라

두 사람이 있다. 그런데 한쪽은 느닷없이 죽고, 다른 한쪽은 기뻐 춤을 춘다. 이 사건이 주는 교훈은 무엇일까? 좀 더 구체적으로 묻겠다. 하나님의 임재를 간절히 소원하는 일에 관하여 해당 본문에서 배울 수 있는 교훈은 무엇인가?

제사장 웃사가 죽고 행진이 중단되자 왕의 고민이 깊어졌다. "여호와의 궤가 어찌 내게로 오리요"(삼하 6:9). 다윗은 평생 수많은 거인들과 싸웠다. 언약궤를 가져오는 것 역시 거인급 문제였다. 여호와는 그저 멀리 계신 하나님일 뿐인가? 많은 어머니들이 이런 질문을 많이 한다. "어떻게 하면 하나님의 임재가 내 자식들을 뒤덮게 할 수 있을까요?" 아버지들은 곰곰이 생각한다. '하나님의 임재가 집 안 가득하게 할 수 있는 방법이 없을까?' 교회들마다 하나님이 임재하셔서 마음을 어루만지시고, 범사에 도움을 주시며, 치유의 역사를 베푸시길 간절히 소원한다.

어떻게 하면 하나님이 우리 안에 임재하실 수 있을까?

촛불을 켜고, 찬송을 부르고, 제단을 설치하고, 위원회를 열고, 헌금함을 가득 채워야 할까? 무엇이 하나님의 임재를 이끌어 내는가? 웃사와 다윗은 죽음과 춤을 버무려 대답을 내놓았다.

웃사의 비극적인 죽음에도 교훈이 있다. 하나님은 오직 그분의 거룩한 뜻에 따라 임하신다는 사실이다. 주님은 언약궤를 보살피고 나르는 일과 관련해서 아주 구체적인 지침을 주셨다. 오직 제사장들만 가까이 다가갈 수 있다. 그것도 먼저 자신과 가족들을 위해 제사를 드리고 나서야 가능했다(레위기 16장을 읽어 보라). 맨손으로 들어서도 안 되었다. 반드시 아카시아나무로 만든 채를 써야 했다.

> 고핫 자손이 와서 멜 것이니라 그러나 성물은 만지지 말찌니 죽을까 하노라 회막 물건 중에서 이것들은 고핫 자손이 멜 것이며 … 고핫 자손에게는 주지 아니하였으니 그들의 성소의 직임은 그 어깨로 메는 일을 하는 까닭이었더라(민 4:15, 7:9).

웃사는 이런 사실을 누구보다 잘 알고 있었음에 틀림없다. 무엇보다도 그는 아론의 후손, 고핫 족속에 속한 제사장이었기 때문이다. 더구나 그동안 언약궤는 자신의 아버지 아비나답의 집에 머물러 있었다. 그러니 웃사는 줄곧 언약궤 곁에서 자라났다 해도 지나치지 않다. 이만하면 언약궤를 옮기던 날 보여 준 웃사의 행동이 어떤 마음가짐에서 나왔는지 알 수 있을 것 같지 않은가?

왕이 언약궤를 찾는다는 소식을 듣고 웃사는 거들먹거리며 말한다. "예, 가져다 드리고 말고요. 창고 한쪽에 넣어 두었잖아요. 그까짓 거 얼른 꺼내다 싣지요, 뭐."

성궤를 흔하디흔한 상자 취급한 것이다. 성물(聖物)을 평범한 화물쯤으로 여긴 것이다. 하나님의 명령을 따르는 대신 편리를 좇았다. 멜 채가 아니라 수레를 썼고, 제사장이 메지 않고 황소가 끌게 했다. 순

종도 없고 제사도 없었다. 오직 편리함만을 생각했다.

하나님이 격노하신 것은 당연하다. 여기서 이렇게 묻고 싶을 것이다. 하지만 꼭 생명까지 빼앗을 필요가 있었나요?

그래서 조 슐람(Joe Shulam)에게 물었다. 그는 전통적인 유대교 랍비학교에서 공부했으며, 지금껏 이스라엘에 살고 있는 인물로, 구약에 관해서라면 모르는 게 없을 정도다. 조는 그저 자기 생각일 뿐이라며 대답했다. "어째서 하나님이 웃사를 죽였느냐가 아니라, 왜 불한당 같은 우리들을 여태 살려 두시느냐 하는 걸 먼저 물어야 하지 않을까?"

내가 생각해도 제 몫을 다하지 못하는 수많은 교회들과 싸늘하게 식어 버린 허다한 심령들을 감안하면 그러실 이유가 없다는 생각이 든다.

웃사가 목숨을 잃는 장면은 아무 때나 교회에 갈 수 있고 언제든지 성찬에 참여할 수 있는 현대 그리스도인들에게 엄숙하고도 오싹한 경고를 준다. 하나님의 메시지는 분명하다. "거룩하신 하나님 앞에서 마음을 흐트러트리지 말라"는 것이다.

주님은 '편리'의 수레에 실리는 것도, 말 못하는 짐승들이 이끄는 것도 원하지 않으신다. 하나님은 자녀들을 위해 찾아오신다. 하지만 오직 그분의 거룩한 뜻에 따라 임하신다. 계명을 지키고, 마음을 청결히 하고, 온전한 고백이 이뤄졌을 때, 그제야 비로소 하나님은 임재하신다.

임재를 즐거워하라

이제 두 번째 인물을 살펴보자. 춤을 추었던 이에게서 얻을 수 있는 메시지는 무엇인가?

웃사의 참혹한 죽음을 목격한 다윗은 참담해진 마음으로 예루살렘으로 돌아갔다. "여호와께서 웃사를 충돌하시므로 다윗이 분하여"(대상 13:11).

하지만 석 달 뒤, 왕은 다시 언약궤를 가지러 돌아왔다. 이번에는 이전과 전혀 다른 예전에 따라 행진이 시작됐다. 황소가 끄는 수레에 싣지 않고 제사장들이 직접 언약궤를 짊어졌다. 편리함을 따르는 대신 희생의 제사를 드렸다. "레위 사람들이 이스라엘 하나님 여호와의 궤를 메고 올라가려 하여 몸을 성결케 하고 모세가 여호와의 말씀을 따라 명한 대로 레위 자손이 채로 하나님의 궤를 꿰어 어깨에 메니라"(대상 15:14-15).

조금도 서두르지 않았다. "여호와의 궤를 멘 사람들이 여섯 걸음을 행하매 다윗이 소와 살진 것으로 제사를 드리고"(삼하 6:13).

하나님이 이번에는 노하시지 않았다는 사실을 알고 다윗은 희생물을 바치고 (   ).

다음 중에서 괄호에 들어갈 알맞은 말을 골라 보라.

가. 주님 앞에 무릎을 꿇었다.

나. 주님 앞에 엎드렸다.

다. 주님 앞에 머리를 조아렸다.

라. 주님 앞에서 있는 힘껏 춤을 추었다.

다윗은 주님 앞에서 힘껏 춤을 추었다(삼하 6:14). 히브리어 원문에는 다윗이 원을 그리며 빙글빙글 돌아가고, 이리저리 뛰어다니며, 공중으로 솟구쳐 오르는 장면들을 선명하게 그려 내고 있다. 발장단이나 맞추고 마지못해 왈츠를 추는 모습을 상상했다면, 얼른 지워 버려라. 거인을 죽인 다윗이 이제 춤꾼 다윗으로 거듭났다. 도시축제에 앞장선 시장처럼, 앞장서서 춤추고 기뻐하며 행렬을 이끄는 것이다.

뿐만이 아니다. 아직도 성이 차지 않았던지 세마포 예복까지 벗어 던졌다. 하나님과 언약궤, 그리고 수많은 군중 앞에서 속옷 바람이 된 것이다. 다윗은 정신없이 춤을 춘다. 군중은 고개를 돌리고 숨을 죽인다. 곧 무슨 일이 벌어질지 시쳇말로 '안 봐도 비디오'다.

앞서 일어난 웃사에 관한 소문은 이미 전국에 퍼졌다. 하나님이 불경스럽고 건방진 인간들을 어떻게 징계하셨는지 모르는 사람이 없게 되었다. 그리고 지금 다윗 왕이 저지르는 짓은 방종 그 자체처럼 보인다. 하나님의 임재와 거룩한 자녀들 앞에서 속옷 차림으로 춤을 춘다는 게 말이나 되는가? 사람들은 저마다 숙덕거린다. "다윗 왕에게도 곧 불벼락이 떨어지겠구려."

하지만 아무 일도 벌어지지 않는다. 하늘은 여전히 푸르고 왕의 격렬한 몸짓은 계속된다. 하나님은 다윗의 춤이 불쾌하지 않으셨나 보다. 그렇다면 웃사와 다윗의 차이는 무엇인가?

내가 딸아이들에게 화내지 않았던 것과 비슷한 이유가 아니었을까 싶다. 지금은 어림도 없지만, 애들이 어렸을 적에는 내가 집에 돌아오는 기척이 들리기만 하면 다들 달려 나와서 춤을 추곤 했다. 집 앞에 차를 세우는 소리를 신호로 악단이 연주를 시작하는 것만 같았다. "아빠 왔다!" 딸애들은 소리를 지르며 문 밖으로 뛰쳐나온다. 그리곤 마당에 서서 막 몸을 흔들어 댄다. 얼굴은 초콜릿투성이에 기저귀를 찬 채로 마당을 휘젓고 다닌다. 당연히 온 동네 사람들의 구경거리가 되었다.

그런 모습을 보고 불쾌해할 아빠가 어디 있겠는가? 남들의 시선 따위는 아무것도 아니다. 하물며 하나님이 다윗을 꾸짖으실 리가 있겠는가? 주님은 마음껏 춤추게 내버려 두셨다.

성경을 다 뒤져 봐도 여기 말고는 다윗이 춤췄다는 기록이 없다. 골리앗을 죽이고도 춤추지 않았다. 임금이 된 게 너무 기뻐서 왈츠를 췄다는 얘기도 없다. 예루살렘을 차지한 뒤에도 춤판을 벌이지 않았다. 그러나 하나님의 임재가 예루살렘에 들어오는 순간만큼은 잠잠히 앉아 있을 수 없었다.

하나님은 궁금하실지도 모른다. '애들이 내 임재를 즐거워할까?' 다윗이 그랬던 것처럼 당신도 주님의 거룩한 임재를 기뻐하고 즐거워하는가? 예수님은 "내가 세상 끝날까지 너희와 항상 함께 있으리라"(마 28:20)고 약속하셨다. 그게 너무나 감격스러워서 이부자리를 걷어

차고 일어나 밤새도록 찬양해 보았는가?

다윗은 남들이 모르는 무언가를 알고 있었다. 다들 잊어버린 일을 기억했다.

하나님의 임재야말로 그분의 선물이다.

주님의 가장 큰 선물은 그분 자신이다. 검붉게 타오르는 노을은 숨 막히게 아름답다. 푸르른 바다를 바라보고 있노라면 넋이 나갈 지경이다. 막 태어난 아기를 보다 보면 절로 눈물이 흐른다. 변치 않는 사랑은 삶을 보석처럼 빛나게 한다. 그런데 이들이 모두 사라진다고 해 보자. 석양과 바다, 옹알거리는 아기와 따뜻한 마음까지 다 사라졌다고 생각해 보자. 남은 것이라곤 황량한 사막뿐이다. 그래도 우리에겐 모래 위에서 춤출 이유가 있다. 하나님이 함께 계시기 때문이다.

다윗은 이 사실을 알고 있었음에 틀림없다. 하나님은 모든 자녀들에게 이 진리를 알려 주고 싶어 하신다. 우리는 절대 혼자가 아니다. 언제나 주님이 동행하신다.

주님은 자녀들을 사랑하시므로 절대 혼자 남겨 두시지 않는다. 두려움과 근심, 질병, 죽음에 두려워 떨도록 내버려 두지 않으신다. 그러므로 잔치를 벌이고 마음껏 뛰놀며 기뻐하라. 다윗은 "번제와 화목제 드리기를 마치고 만군의 여호와의 이름으로 백성에게 축복하고 모든 백성 곧 온 이스라엘 무리의 무론 남녀하고 떡 한 개와 고기 한 조각과 건포도떡 한 덩이씩 나눠"(삼하 6:18-19) 주었다.

하나님이 바로 우리 안에 계시니, 기뻐해야 할 이유가 충분하지 않은가? 웃사는 이걸 놓친 것 같다. 그의 눈에는 하나님이  궤짝 하나에 담길 만큼 조그만, 그래서 균형을 잡도록 도와주어야 할 분으로 보였다. 그는 주님을 맞을 준비가 전혀 되어 있지 않았다. 거룩한 분의 임재 앞에 서기 전에 스스로 정결해지려고 노력하지 않았다. 제사도 드리지 않았고, 계명을 지키지도 않았다. 회개니 순종이니 하는 것들은 모두 생략하고 수레 뒤에 언약궤를 싣고 신나게 출발했다.

경건한 마음과 춤추는 발을 가지라

이제 우리 스스로를 돌아보자. 혹시 엉망진창으로 산 엿새를 주일 하루와 맞바꾸고 있지는 않은가? 누구를 믿고 있는지 점검해 보라. 부적을 지니듯 십자가를 목에 걸고 있는 건 아닌가? 촛불 몇 개 켜 놓고 기도 몇 마디 하는 것으로 하나님 마음을 좌지우지할 수 있다고 생각하지는 않는가?

웃사의 죽음은 그렇게 불경스러운 판단을 내리지 말라는 경고와 같다. 하나님을 향한 외경심이 사라지는 순간 인간은 죽음에 이른다. 창조주는 감언이설에 속아 넘어가지 않으신다. 누군가의 명령을 받지도, 요술에 걸리지도, 인간의 손에 끌려 나가지도 않으신다. 여호와는 자녀들을 사랑하며, 치유해 주시고, 도와주시며, 간섭해 주시는 인격적인 하나님이시다. 무슨 신비한 약물이나 영악스러운 구호 따위로는 거룩한 마음을 움직일 수 없다. 그분은 경건하고, 순종하며, 하나님에 주린 심령을 찾으신다.

그런 이들을 찾으시면 즉시 찾아오신다. 도착과 즉시 밴드가 연주를 시작한다. 경건한 마음을 가진 사람만이 춤추는 발도 소유할 수 있다. 다윗은 그 둘을 모두 가지고 있었다. 누구나 그렇게 되었으면 좋겠다.

딸애들이 기저귀를 차고 춤을 출 때, 가끔은 나도 한데 어울려 춤을 추곤 했다. 한쪽에 멀거니 서서 그 신나는 순간을 놓쳐 버릴 수는 없었다. 그래서 꼬맹이들을 번쩍 들어올려서 빙글빙글 맴을 돌았다. 어린 자식과 춤출 절호의 기회를 헛되이 흘려보낼 아빠는 세상 어디에도 없을 것이다.

나의 믿음연습장

1. 하나님이 멀리 계시다고 생각해 본 적이 있었는가? 언제 그랬는가?

2. 하나님의 명령을 소중하게 여기고 있는가?

마음을 정결하게 하기 위해 어떤 노력을 하는가?

3. 하나님의 임재를 기뻐하며 춤춘 적이 있는가? 어떤 상황이었는가?

4. 히브리서 10장 22절을 읽으라. 본문에서 어떤 점이 격려가 되는가?

본문의 가르침을 얼마나 행동으로 옮길 수 있는가?

당신을 위한 다윗의 전략노트

세상의 편리한 삶에 너무 익숙해져서 하나님이 창조하신 세계의 위대한 면모들을 제대로 감상하지 못하는 이들이 허다하다. 주님의 위엄과 광대하심을 제대로 바라볼 수 있도록 안목을 높이라. 도시의 불빛이 미치지 못하는 곳을 찾아가 장엄하게 펼쳐진 밤하늘을 바라보라. 하나님의 권능에 더 큰 경외감을 품게 될 것이다. 별을 헤아려 보라. 하나님이 그 하나하나를 지으시고 이름을 붙이셨다는 사실을 기억하라. 얼마나 놀라우신 하나님인가!

선택하고 집중하라 *Facing Your Giants*

믿음연습 14
사랑은 성실하게 표현한다

> 감당할 수 없을 만큼 커다란 도전을 받을 때마다
> 약속의 힘을 더욱 실감하게 된다. 주님의 변함없는 언약은
> 양탄자의 씨줄과 날줄처럼 성경에 아로새겨 있다.

다윗 왕의 삶은 더할 나위 없이 풍요로워졌다. 공식 집무실에는 새로 칠한 페인트 냄새가 채 가시지 않았다. 왕실 전속 도시공학자들은 신도시를 설계했다. 언약궤는 장막에 모셔 두었다. 왕실금고에는 금은보화가 넘쳐난다. 적들은 감히 이스라엘 땅을 넘보지 못한다. 원수들이 쳐들어올 때마다 전전긍긍하던 사울 시대의 모습은 이제 온데간데없어졌다.

그런데 무언가가 자꾸 속을 긁어 댄다. 무심코 던진 한마디가 옛날에 나누었던 대화를 떠올리게 했는지도 모른다. 비슷한 얼굴을 보고 옛 결심이 생각났을 수도 있다. 한창 새로운 삶을 누리던 와중에 다윗은 과거에 했던 약속을 기억해 낸다. "사울의 집에 오히려 남은

사람이 있느냐 내가 요나단을 인하여 그 사람에게 은총을 베풀리라 하니라"(삼하 9:1).

다윗 왕조를 보필하는 인물들이 저마다 얼굴을 찡그린다. '사울의 자손들을 찾아서 무얼 어쩌자는 것인가? 새 시대가 열렸고 새로운 통치가 시행되고 있는 마당에 흘러간 인물을 기억해 내 무얼 하겠다는 말인가?'

하지만 다윗은 그렇게 했다. 요나단과 맺은 언약 때문이었다. 사울이 다윗을 죽이겠다고 으르렁거릴 때, 요나단은 도움의 손길을 내밀었다. 성공적으로 친구를 빼돌린 왕자가 한 가지를 당부한다. "너는 나의 사는 날 동안에 여호와의 인자를 내게 베풀어서 나로 죽지 않게 할 뿐 아니라 여호와께서 너 다윗의 대적들을 지면에서 다 끊어 버리신 때에도 너는 네 인자를 내 집에서 영영히 끊어 버리지 말라"(삼상 20:14-15).

이후 요나단은 죽었지만, 둘 사이의 언약은 죽지 않았다. 요나단과의 맹세를 잊어버릴 핑계는 얼마든지 만들어 낼 수 있었다. 둘 다 어리고 이상적이던 시절에 한 약속이었다. 어린 시절의 약속을 지키는 이가 몇이나 되는가? 어디 그뿐인가? 사울은 잔인하고 잔인했다. 그런 원수의 자손을 누가 챙긴단 말인가? 또한 다윗은 나라를 다스리고 군대를 이끌어야 했다. 어떤 왕이 그토록 사소한 일에 신경을 쓰겠는가?

하지만 다윗에게 언약은 작은 문제가 아니었다. 다윗이 상대했던 거인들을 분류해 보라. 약속이란 말이 있었기에 상처를 이겨 내고 골리앗의 숫자를 줄여 갈 수 있었던 게 아닐까? 감당할 수 없을 만큼 커다란 도전을 받을 때마다 약속의 힘을 더욱 실감하게 된다.

우울증을 앓는 여인과 함께 사는 남편은 약속의 도전을 받는다. 날마다 우울증에 시달리는 아내를 보면서 무슨 일이 일어날지 몰라 전전긍긍한다. 이런 시기에도 결혼서약을 지킬 수 있을까?

바람 피는 남편을 둔 아내도 똑같은 질문을 한다. 결국 남편은 돌아왔다. 싹싹 빌면서 미안하다고 한다. 하지만 이미 깊은 상처를 받은 아내는 생각한다. '남편은 부부의 약속을 깨트렸어. 그런데도 나는 여전히 그걸 지켜야 하는 걸까?'

부모들도 비슷한 의문을 품는다. 자녀들이 망나니짓을 하거나, 집을 뛰쳐나갔거나, 장애가 심해서 몸을 제대로 쓰지 못하는 경우는 물론이고 건강한 아기를 키우는 이들까지도 어떻게 약속을 지킬 수 있을지 몰라 한다. 달콤한 교제나 한적한 저녁시간 따위는 산더미같이 쌓인 똥기저귀와 토막 잠에 파묻혀 버렸다. 약속이라는 것은 봄꽃이 흐드러진 시절에 맺었다가 황량한 겨울이 닥치기가 무섭게 끝장나 버리기 십상이다. 하지만 다윗은 요나단과의 약속을 저버리지 않았다.

요나단의 후손을 찾는 건 쉽지 않았다. 다윗의 주변 인물들 가운데는 행방을 아는 이가 아무도 없었다. 측근들이 가서 시바를 데려왔다. 과연 그가 사울의 후손 가운데 아직 살아 있는 인물을 알고 있을까? 시바의 대답을 들어 보자. "요나단의 아들 하나가 있는데 절뚝발이니이다"(삼하 9:3).

시바는 다리를 저는 아이라는 특징만을 이야기할 뿐 이름은 이야기하지 않았다. 어렴풋하게나마 저항감이 느껴진다. "잘 생각하십시오, 왕이여. 왕궁에는 어울리지 않는 인물입니다. 약속을 지키는 것도 중요하지만, 다시 한 번 생각해 주셨으면 합니다." 이런 속뜻이 전해진다.

시바는 아이의 면면을 왕에게 아뢰지 않았지만 사무엘하 4장에 자세한 기록이 있다. 그 소년은 요나단의 아들 므비보셋이었다. 므비보셋이 다섯 살 때, 할아버지와 아버지가 블레셋 군사들의 손에 죽었다. 야만적인 적군이 몰려온다는 소리를 들은 사울의 가족들은 산속으로 도망쳤다. 므비보셋의 유모도 아기를 끌어안고 황망히 피난길에 나섰다. 그런데 너무 서두른 나머지 그만 발을 헛디뎌 아이를 땅에 떨어뜨렸다. 그때 발목이 부러졌고, 이후 소년은 영원히 절뚝발이로 살아야 했다.

유모는 아이와 함께 요단강을 건너 로드발이라는 황량한 마을로 숨어들었다. 부러진 가시덩굴이 바람에 밀려 굴러다니고, 싸구려 판잣집들이 다닥다닥 붙어 있는 사막마을에 숨어 살았다. 처음에는 블레셋 군대가 무서웠고, 다음에는 다윗의 손에 잡힐까 두려웠다.

이 즈음에서 므비보셋의 슬픈 이력서를 간추려 보자.

- 왕위를 이을 적통 세자로 태어났다.
- 추락사고로 상해를 입었다.

- 못 쓰게 된 다리로 낯선 땅에서 숨어 지냈다.
- 언제 죽을지 몰라 늘 불안하고 초조해하며 살았다.

사고의 피해를 입고, 쫓겨나고, 몸을 못 쓰게 되고, 제대로 공부하지도 못했다.

구원은 행위가 아닌 언약의 결과

그러나 다윗의 마음은 달라지지 않았다. 마침내 시바는 요단강을 건너가서 낡은 판잣집 현관문을 두드린다. 찾아온 까닭을 설명하고 므비보셋과 함께 대궐로 돌아온다. 소년은 마침내 최후의 날이 닥친 게 아닌가 싶어 두려움에 몸을 덜덜 떤다. 형장에 끌려 들어가는 사형수의 심정으로 다윗 앞에 선다. 소년은 납작 엎드려 묻는다.

'이 종이 무엇이라고 죽은 개나 다름없는 저를 그렇게 생각해 주십니까?' 그러자 왕이 사울의 종 시바를 불러 말했습니다. '내가 네 주인의 손자에게 사울과 그 집에 속했던 모든 것을 주었다. 그러니 너와 네 아들들과 종들은 므비보셋을 위해 땅을 경작하고 곡식을 거두어 네 주인의 손자에게 양식을 대도록 하여라. 네 주인의 손자 므비보셋은 항상 내 식탁에서 먹게 될 것이다'(삼하 9:8-10, 우리말성경).

므비보셋은 순식간에 로드발의 도망자에서 왕의 식탁에 앉는 귀족이 되었다. 이제 왕가의 식구가 된 것이다. 다윗은 로드발에 돈을 보내 줄 수도 있었다. 죽는 날까지 연금을 받게 해 주기만 했더라도 칭송을 받기에 충분했을 것이다. 하지만 다윗은 므비보셋에게 생활비를 보내주는 데서 그치지 않고, 왕가의 식탁에 그의 자리를 마련해 주었다.

벽난로 위에 걸린 다윗 집안의 가족사진을 자세히 들여다보라. 입가에 미소를 머금고 있는 로드발 고등학교 졸업생의 얼굴이 끼어 있을 것이다. 다윗이 한복판에 놓인 보좌에 앉았고 좌우로는 수많은 아내들이 늘어서 있다. 뒷줄에는 구릿빛 피부의 미남 압살롬이 섰고, 바로 곁에 숨 막히게 아름다운 다말이 있다. 학구파 솔로몬이 있는 자리에서 한 줄 아래로 내려오면 사울의 손자요, 요나단의 아들인 므비보셋이 보인다. 목발에 기대어 환하게 웃는 얼굴이 마치 예루살렘 복권에 당첨이라도 된 듯한 모습이다.

므비보셋이 하루 아침에 왕가의 식구가 된 것은 그가 노력해서 얻은 것이 아니다. 그는 아무것도 하지 않았다. 단지 다윗이 옛 약속을 떠올렸을 뿐이다. 소년이 대접을 받기에 합당해서가 아니라, 약속이 여전히 유효했던 까닭에 왕은 그에게 호의를 베풀었던 것이다.

므비보셋의 삶을 따라가 보면 더 많은 증거들을 얻을 수 있다. 궁궐에서 먹고 자기 시작한 뒤로 약 15년 동안 성경에서는 소년의 기록을 찾아볼 수 없다. 그러다가 압살롬의 반란이 한창이던 극적인 시점에 다시 모습을 드러낸다.

천벌을 받아 마땅할 불효자 압살롬은 아버지를 예루살렘에서 몰아낸다. 수치스럽게 쫓겨난 다윗 주위에는 충성스러운 친구 몇 명뿐이다. 당연히 그 무리에 므비보셋도 있을 거라 생각할 것이다. 하지만 아니었다. 뒤를 따른 건 오히려 시바였다. 그는 다윗에게 므비보셋이 반란군에 가담했다는 소식을 전한다. 세월은 흘러 압살롬은 망했고, 다윗은 다시 예루살렘으로 돌아왔다. 다시 만난 므비보셋은 전혀 다른 이야기를 전한다. 텁수룩한 수염에 누더기를 걸치고 나타나서는 시바를 고발한다. 자기를 버리고 달아나는 바람에 말을 탈 수가 없어 몽진하는 길에도 따라나서지 못했다는 것이다.

누구 말을 믿어야 할까? 분명 누군가는 거짓말을 하고 있다. 하지만 그때도, 지금도 아무도 모른다. 왕이 한 번도 물어보지 않았기 때문이다. 다윗에게 그까짓 것은 전혀 문제가 아니었다. 상대가 진실을 말하든 거짓말을 하든, 계속 궁궐에 머물러 살 게 했을 것이다. 고귀한 신분을 누리느냐 마느냐를 가르는 기준은 므비보셋의 행위가 아니라, 다윗의 약속이기 때문이다.

하나님께 약속 지키는 법을 배우라

어째서 다윗은 그토록 약속에 충실했던 것일까? 므비보셋은 주는 것 없이 가져가기만 하는 인물이었다. 그런데 다윗은 무얼 보고 그런 결심을 할 수 있었을까? 어떻게 그렇게 철저하게 약속을 지킬 수 있는지 본인에게 직접 물어본다면, 아마도 다윗은 자기 사연은 접어 두고 하나님 얘기를 했을 것이다.

모세는 이스라엘 백성에게 이렇게 말했다.

> 그런즉 너는 알라 오직 네 하나님 여호와는 하나님이시요 신실하신 하나님이시라 그를 사랑하고 그 계명을 지키는 자에게는 천대까지 그 언약을 이행하시며 인애를 베푸시되(신 7:9).

하나님은 일단 약속하시면 절대로 어기지 않으신다. '언약'에 해당하는 히브리어 'beriyth'는 '구속력을 가진 확실한 계약'이라는 의미이다.주1 주님의 변함없는 언약이라는 개념은 양탄자의 씨줄과 날줄처럼 성경에 아로새겨져 있다. 주님은 노아에게 약속하셨다.

> 내가 너희와 언약을 세우리니 다시는 모든 생물을 홍수로 멸하지 아니할 것이라 땅을 침몰할 홍수가 다시 있지 아니하리라 하나님이 가라사대 내가 나와 너희와 및 너희와 함께하는 모든 생물 사이에 영세까지 세우는 언약의 증거는 이것이라 내가 내 무지개를 구름 속에 두었나니 이것이 나의 세상과의 언약의 증거니라(창 9:11-13).

무지개는 하나님의 언약을 떠올리게 한다. 신기하게도 대기권 밖에서 지구를 내려다본 우주인들에 따르면 무지개는 완벽한 원의 형태를 띤다고 한다.주2 주님의 약속 역시 커다란 동그라미처럼 깨지지도, 끊어지지도 않는다.

언약에 관해서라면 아브라함도 할 얘기가 많다. 하나님은 하늘의 별을 헤아리기 어려운 것처럼 허다한 자손을 주겠다고 약속하셨다. 그리고 언약을 분명히 하기 위해 짐승 몇 마리를 반으로 쪼개게 하셨다. 고대 근동 지역에서는 계약을 맺은 당사자들이 절반으로 나눈 짐승의 주검 사이를 지나감으로써 이행을 다짐하는 풍습이 있었다. 약속을 어길 경우에 똑같은 운명을 맞게 될 것이라는 뜻이었다.

해가 지고 어둠이 덮이자 연기 나는 화로와 불붙은 횃불이 그 쪼갠 고기들 사이로 지나갔습니다. 그날에 여호와께서 아브람과 언약을 맺으시며 말씀하셨습니다. '내가 네 자손에게 이집트 강에서부터 큰 강 유프라테스 강까지 이 땅을 주었다'(창 15:17-18, 우리말성경).

하나님은 약속을 진지하게 여기시고 극적인 방식으로 보증하신다. 호세아의 경우를 생각해 보자. 예수님이 오시기 7백 년 전, 하나님은 호세아에게 고멜이라는 음탕한 여인과 결혼하라고 명령하셨다. 선지자는 거룩한 뜻에 철저하게 순종했다. 여인은 세 아이를 낳았지만, 누가 호세아의 아들인지 알 수가 없었

다. 고멜은 남편과 자식을 내팽개치고 뛰쳐나가 창녀처럼 살았다. 결국 경매에 붙여져서 높은 값을 부르는 남자에게 팔려 갈 참담한 신세로까지 전락했다. 누가 그런 여자를 원하겠는가? 하지만 호세아는 달랐다. 경매에 뛰어들어 아내를 되찾아 집으로 다시 데려왔다. 왜 그렇게 했을까?

> 여호와께서 내게 말씀하셨다. '비록 이스라엘 자손들이 다른 신들에게로 향하고 건포도 빵을 사랑한다 해도 여호와께서 그들을 사랑하듯이 너도 비록 네 아내가 다른 사람의 사랑을 받고 간음한 여자이지만 가서 다시 사랑하여라.' 그리하여 내가 나를 위해 은 15세겔과 1호멜 반의 보리로 그 여자를 샀습니다(호 3:1-2, 우리말성경).

당신은 왕의 자녀다

하나님의 약속이 얼마나 굳건한지 아직도 감이 오지 않는가? 그럼 아내를 되사오는 호세아의 모습을 보라. 짐승의 주검 사이를 지나는 화덕과 횃불을 보라. 아니, 므비보셋만으로도 충분하다. 로드발에서 온 소년이라고 자신을 소개해 본 적이 있는가? 그의 몰골은 참으로 처참했다.

- 왕위를 이을 적통 세자로 태어났다.

- 추락사고로 상해를 입었다.
- 못 쓰게 된 다리로 낯선 땅에 숨어 지냈다.
- 언제 죽을지 몰라 늘 불안하고 초조해하며 살았다.

부정하고 싶겠지만, 이 이야기는 바로 우리의 이야기이다. 왕의 자녀로 태어났다. 하지만 아담과 이브가 실족하는 바람에 절뚝거리며 걷게 되었다. 그리고 우리 가운데 로드발의 메마른 모래땅을 정처 없이 헤매 보지 않은 이가 어디 있는가?

그러던 어느 날, 왕실에서 파견한 사자가 찾아온다. 4학년 담임선생님일 수도 있고, 고등학교 친구일 수도 있다. 동네 아주머니나 텔레비전 복음전도자일지도 모른다. 어쨌든 놀라운 소식과 함께 멋진 리무진을 몰고 나타난다. "못 믿으시겠지만, 이스라엘의 왕께서 식사에 초대하셨습니다. 지정석을 준비하고 명패까지 마련해 두었습니다. 임금님은 아예 식구로 맞아들이길 원하십니다."

당신이 머리가 좋아서? 하나님은 참모가 필요치 않으신 분이다.

퇴직한 뒤에 받게 될 연금이 탐나서? 연금이 아무리 높아도 주님께는 푼돈 축에도 못 낀다.

그럼 관리 능력이 뛰어나서? 우주를 설계하신 분이 정말 인간의 조언을 아쉬워하리라고 생각하는가?

왕실의 초대는 우리와는 아무 상관이 없다. 전적으로 하나님께서 시작하고 진행하시는 일이다. 주님은 영원한 생명을 주겠노라 약속하셨다. "영생은 거짓이 없으신 하나님이 영원한 때 전부터 약속하신 것인데"(딛 1:2).

영원한 생명을 품고 있는가? 잊지 말아라. 그것은 언약 덕분에 선물로 받은 것이다. 언약은 곧 이행을 보증해 준다. 처음부터 끝까지 언약이 토대가 된다. 로드발이 멀어져 가는 걸 백미러로 바라볼 수 있게 된 이유는 오직 하나, 하나님이 약속을 지키셨기 때문이다. 하나님이 그토록 신실하셨다면 우리도 그 뒤를 따라야 하지 않을까?

성실은 사랑의 본질을 알려준다

사람들 때문에 지칠 때가 있다. 최선을 다해도 힘이 닿지 않는 경우가 있다. 집을 나가겠다는 아내를 붙잡을 수가 없다. 툭 하면 주먹을 휘둘러 대는 남편과 더 이상 같이 살 수가 없다.

해답은 하나다. 대가를 바라지 않고 원한을 품지도 않으며 가던 길을 계속 가는 게 최선의 사랑이다. 당신을 힘들게 하는 문제들을 과소평가하려는 의도는 추호도 없다. 얼마나 피곤할지 충분히 이해한다. 화도 많이 나고, 배우자에 대한 실망도 이만저만이 아닐 것이다. 하지만 과거에 한 약속들을 가만히 떠올려 보라. 그걸 지키려고 최선을 다했는지 자신을 돌아보라. 그리고 한 번만, 한 번만 더 노력해 보라. 그래야 비로소 하나님의 사랑의 깊이를 알 수 있다.

사랑스럽지 않은 상대를 사랑해 보면 하나님이 자신에게 베풀어 주신 은혜를 실감할 수 있다. 집 나간 자식을 위해 대문을 잠그지 않을 때, 부당한 대접을 받으면서도 바른 길을 갈 때, 약하고 병든 이들을 사랑할 때 비로소 잠시도 한눈팔지 않고 보살펴 주시는 하나님 마음을 알 수 있다.

어쩌면 그래서 하나님은 우리를 갖가지 도전에 부닥치시게 하는지도 모른다. 거짓말쟁이, 난봉꾼, 마음에 상처를 주는 이들을 사랑할 때 주님이 얼마나 우리를 사랑하셨는지 깊이 느낄 수 있으리라. 어떤 일 때문에 괴로운가? 그 속을 자세히 들여다보고, 창조주의 사랑을 실감할 기회를 주시는 게 아닌지 살펴보라.

하나님은 또한 당신의 자녀 된 우리들이 그런 모습을 보여 주기를 원하신다. 그리고 다윗은 므비보셋에게 그렇게 했다. 다윗은 하나님이 가르쳐 주신 모범을 그대로 따라 걸었다. 호세아도 똑같은 자세로 고멜을 대했다. 선지자는 거룩한 헌신의 정수를 보여 주었다. 우리 어머니도 아버지를 그렇게 섬겼다.

세상을 떠나기 전까지 마지막 몇 달 동안 어머니가 아픈 아버지를 어떻게 돌봤는지 생생하게 기억한다. ALS(근위축성측삭경화증)가 진행되면서 아버지 몸의 근육들이 하나하나 힘을 잃어 갔다. 결국은 누군가 돌봐주지 않으면 살 수 없는 지경이 되고 말았다. 씻기고, 먹이고, 옷을 입히는 일은 고스란히 어머니 몫이 됐다. 집에다 병원 침대를 설치하고 아버지를 보살폈다. 하지만 어머니는 단 한 번도 불평하지 않으셨다. 언짢은 표정을 지으신 적도 없다. 그저 신실하게 약속을 지키는 여인의 모습을 보여 주셨다. 어머니는 짓무른 상처에 분을 바르고, 수염을 깎아 주고, 이부자리를 빨면서 사랑이 무엇인지 온 몸으로 보여 주셨다.

하나님은 그런 일을 하라고 우리를 부르신다. 견고한 사랑을 드러내고, 삶의 순간순간마다 성실하게 살라고 요구하신다. 자녀들이나 이웃들에게 하나님 사랑의 실체를 보여 줄 기회를 주신다.

그 요구를 기꺼이 받아들이라. 그런 우리 모습을 보고 하나님이 얼마나 신실하신지 깨달았다고 이야기하는 이가 나올지 누가 아는가?

하고 싶은 얘기가 하나 더 있다. 다윗의 궁전에 걸려 있던 가족사진을 기억하는가? 정말 그런 게 있었는지는 잘 모르겠다. 하지만 하늘나라에는 분명히 있을 것이다. 거기서 자신의 얼굴을 발견한다면 얼마나 기쁠까? 모세, 마르다, 베드로, 바울 같은 이들과 나란히 서 있다면 얼마나 행복할까? 므비보셋 못지않게 환한 표정을 짓게 되지 않을까?

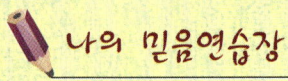 나의 믿음연습장

1. 오랜 세월이 지나도 결코 잊히지 않는 소중한 약속이 있는가? 누구와 맺은 언약인가? 어떻게 약속을 지켰는가?

2. 지난주를 돌아보라. 우리의 '사랑스럽지 않은' 행동들에도 불구하고 하나님은 어떻게 사랑을 보여 주셨는가?

3. 고린도후서 1장 20절을 읽으라. 하나님의 약속 가운데 유통기한을 넘긴 게 몇 개나 된다고 생각하는가?

하나님의 약속은 어떤 이들에게 유효한가?

약속을 지키시는 하나님께 어떻게 최고의 영광을 돌릴 수 있는가?

{ **당신을 위한 다윗의 전략노트**
성경 창세기에는 중요한 언약들이 가장 많이 기록되어 있다. 창세기 6장 18-22절, 9장 9-17절, 15장 18-19절, 17장 2-14절, 17장 19-21절 등에 나타난 하나님의 언약을 돌아보라. 자신과 어떤 관계가 있는지 자세히 살펴보라 (출애굽기 2장 24절도 참고하라).

선택하고 집중하라 *Facing Your Giants*

믿음연습 15
낮은 자리를 찾아 움직인다

다윗과 밧세바 이야기는 욕정의 문제라기보다 자신을 위해서
한없이 높은 곳으로 올라갔던 인간의 흥망사였다.

누구나 높은 데까지 올라갈 수 있다. 빨리 올라가서 높은 자리를 차지하는 일은 얼마든지 가능하다. 더러는 까마득히 높은 곳까지 수직으로 솟구치기도 한다. 그런데 너무 높은 고도에서 오래 있다 보면 두 가지 감각에 문제가 생긴다. 우선 청각이 둔해진다. 그래서 남의 이야기가 잘 들리지 않는다. 다른 이들의 음성이 점점 희미해지다가 아예 말이 뭉개져서 귀에 들어온다.

뿐만 아니라 눈도 침침해진다. 너무 높은 곳에서 내려다보면 아래쪽에 있는 물체에 초점을 맞추기가 어렵다. 사람이 마치 개미처럼 느껴지고, 누가 누군지 분간이 가질 않는다. 다 똑같아 보이는 것이다. 제대로 듣지도, 똑바로 보지도 못한다. 남들은 모두 저만큼 아래 있다.

삶의 정점에서 건강을 유지하는 법

다윗이 바로 그렇게 높은 곳에 있었다. 이전에는 그렇게 높은 자리에 올라 본 적이 없었다. 그런데 오십 줄로 접어들면서 마침내 성공의 정점에 이르렀다. 이스라엘 영토는 늘어났고, 나라는 크게 번영했다. 스무 해 남짓 왕좌에 머무는 동안 다윗은 용사였고, 음악가였고, 정치가였고, 왕이었다. 보좌하는 신하들도 막강했다. 15만 제곱킬로미터가 넘는 방대한 지역을 통치했다. 병사들은 충성을 다했고, 전쟁에 나가면 지는 법이 없었으며, 백성들은 모두 그를 사랑했다. 다윗은 언제나 최고였다.

냇가에 무릎을 꿇고 반질반질한 돌 다섯 개를 골라 담던 엘라 골짜기의 다윗과는 하늘과 땅 차이이다. 그때는 군인들도, 골리앗도, 형들도 모두 다윗보다 높았다. 반면에 다윗은 골짜기 중에서도 가장 낮은 곳에 납작 엎드렸다. 그만큼 낮게 내려갔던 적이 없었지만 그만큼 강했던 시절도 없었다.

30여 년이 흘러, 상황은 완전히 역전됐다. 더 이상 올라갈 곳이 없을 만큼 높아졌다. 다윗은 삶의 정점에 섰고, 나라에서 가장 높은 지존의 자리에 올랐으며, 예루살렘에서 가장 높은 곳에 살았다. 하지만 그 어느 때보다도 다윗은 허약하다.

사실 다윗은 휘하에 장수들을 거느리고 전장에 나가야 했다. 말에 올라 앉아 적군 앞에 떡 버티고 서서 천하를 호령해야 옳았다. 하지만 다윗은 그러지 않았다. 전선에 나서지 않고 집에 머물렀다.

해가 돌아와서 왕들의 출전할 때가 되매 다윗이 요압과 그 신복과 온 이스라엘 군대를 보내니 저희가 암몬 자손을 멸하고 랍바를 에워쌌고 다윗은 예루살렘에 그대로 있으니라(삼하 11:1).

이스라엘에 봄이 오고, 밤 기온도 그리 차지 않다. 바람은 몰라보게 부드러워졌다. 그러던 어느 날, 다윗의 눈길이 목욕하고 있는 여인에게 떨어져 꽂혔다. 여인에게 반한 다윗 왕은 그녀가 어떤 여인인지 주위에 묻는다. 시종이 달려 나가서 정보를 모아 온다. "그는 엘리암의 딸이요 헷 사람 우리아의 아내 밧세바가 아니니이까"(삼하 11:3).

시종은 여인의 이름뿐만 아니라 결혼한 유부녀이며 남편 이름은 아무개라는 사실까지 보고한다. 굳이 임자가 있는 몸이라고 이야기한 건 주의를 환기시키려는 뜻이었을 것이다. 남편의 이름을 들먹인 것도 왕이 훤히 아는 인물이었기 때문이다.

시종은 아주 지혜롭게 설득했지만, 유감스럽게도 왕은 힌트를 놓쳐 버린다. 그리곤 바닥으로 내려가는 미끄럼틀에 한쪽 발을 척 들이민다. "다윗이 사자를 보내어 저를 자기에게로 데려 오게 하고 저가 그 부정함을 깨끗케 하였으므로 더불어 동침하매"(삼하 11:4).

사무엘하 11장에서 다윗은 누군가, 또는 무언가를 자꾸만 보낸다. 요압을 전쟁터로 보낸다(1절). 여인이 누구인지 알아 오라고 시종을 보낸다(3절). 다시 하인을 보내 밧세바를 데려오게 한다(4절). 여인이 아기를 가졌다는 사실을 알고는 요압 장군에게 메시지를 보낸다(6절). 우리아를 예루살렘으로 돌려보내라는 내용이었다. 밧세바의 남편이 전선에서 돌아오자 가서 쉬라며 집으로 보낸다. 하지만 이 고상한 사나이는 점잖게 거절한다. 그러자 다윗은 죽음을 피할 수 없을 만큼 치열한 전선으로 우리아를 내몰았다. 완전범죄에 성공했다고 확신한 왕은 사람을 보내 밧세바를 데려다가 혼인하기에 이른다(27절).

산꼭대기에서 내려오라

누구 한 사람 보내고 요구하는 다윗을 예뻐하지 않는다. 누군가를 돌보고(양을 칠 때가 정말 멋졌다), 적진을 향해 돌진하고, 사울을 피해 숨어 다니고, 예배를 드리고, 시편을 써 내려가는 다윗을 더 좋아한다. 자제력을 잃고 한 번 보낼 때마다 한 가지씩 죄를 짓는 걸 지켜보는 것은 너무나 고역이다.

대체 다윗에게 무슨 일이 일어난 걸까? 그는 고소(高所)병에 걸렸다. 너무 높은 곳에 너무 오래 머물렀던 탓이다. 공기가 너무 희박해서 감각에 이상이 생겼다. 청각이 무디어져 시종의 경고나 양심의 목소리가 귀에 들어오지 않는다. 심지어 주님의 말씀마저 감지하지 못한다. 시력 또한 예전 같지 않다. 그렇다면 왕이 본 게 밧세바의 참모습이었을까? 아니다. 다윗은 여인이 목욕하는 걸 보았을 뿐이다. 밧세바의 벗은 몸과 곡선미를 감상했다. 애욕의 대상에 눈이 먼 것이다.

다윗이 벌였던 다른 씨름들은 다 이해할 수 있다. 사울을 두려워하는 마음도 충분히 공감한다. 누구나 거인을 피해 오랜 기간 광야에서 숨어 산 경험들이 있을 것이다. 하지만 높은 자리에 올라가서 마음껏 권력을 휘두르는 문제에 이르면 얘기가 다르다. 다윗의 발코니에는 올라가 보지 못했기 때문이다.

혹시 가 본 적이 있는가? 난 왕의 발코니는 아니지만 비행기는 타 봤다. 그리고 여인이 목욕하는 모습이 아니라, 여승무원이 허둥지둥 실수를 연발하는 장면을 목격했다. 뭐 하나 제대로 하는 게 없었다. 청량음료를 부탁하면 주스가 왔다. 베개를 달라고 했는데, 담요를 주었다. 그나마 뭘 가져오면 다행이고, 아예 잊어버리기 일쑤였다.

마침내 울화통을 터뜨렸다. 겉으로는 아니고, 속으로. '오늘은 서비스가 왜 이 모양이야.' 사실 그때 나는 '이만하면 나도 꽤 괜찮은 놈'이라는 생각으로 가득 차 있었다. 왜냐하면 제법 규모가 큰 행사에 연사로 초청받아 가는 길이었기 때문이다. 모임을 주관하는 책임자는 몇 번씩이나 "와 주시는 것만으로도 영광"이라고 했다. 지금 생각하면 그쪽에서 한 얘기와 그걸 진실이라고 철석같이 믿은 내 마음 가운데 어느 쪽이 더 멍청한 것이었는지 모르겠다. 아무튼 온갖 건방을 다 떨면서 비행기에 올라탔다. 기내로 들어갈 때 고개를 조금만 숙였더라면 좋았을 뻔했다. 하지만 좌석에 앉는 순간까지도 거만하기 짝이 없었다. '안전하겠지? 하긴, 하나님나라 사역을 하는데…. 내가 얼마나 중요한 인물인지는 하늘도 아실 테니까.'

그리고선 청량음료니 베개니 하는 것들을 가져다 달라고 끊임없이 요청했던 것이다. 여승무원은 시키는 일을 해 내느라 정신이 없었다.

바로 나 스스로를 승무원보다 높은 위치에 갖다 놓은 것이다. 한 끼 밥을 먹더라도 내가 먼저였다. 상대는 섬기는 쪽이고, 나는 당연히 섬김을 받아야 한다고 생각했다.

나처럼 자신을 남보다 낮게 여긴 경험은 누구에게나 있을 것이다. 대부분의 사람들이 주차관리원이나 슈퍼마켓 직원, 야구장에서 군것질거리를 파는 판매원, 백화점 귀중품 보관소의 안내원들을 만날 때마다 상대를 살짝 낮춰 보는 버릇이 있다. 너나없이 다윗처럼 행동하는 것이다. 그 순간 시력도 청력도 모두 잃어버리고 만다.

승무원을 보면서 나는 인간을 놓치고, 오로지 필요한 물건을 날라다 주는 기계로만 보았을 뿐이다. 그런데 어느 스튜어디스의 한마디가 상황을 통째로 바꿔 놓았다. "혹시 루케이도 선생님 아니세요?" 승무원이 좌석 옆 통로에 무릎을 꿇고 묻는 순간 놀라서 숨이 멎는 것 같았다. "신앙서적을 쓰시는 그분 맞으시죠?"

마음속에서 누군가가 불쑥 말하는 것 같았다. '그래, 신앙서적을 쓰기는 하지. 하지만 신앙적으로 사는 것 같지는 않은걸?' 왕의 발코니에서 내려가야겠다는 생각이 퍼뜩 들었다. 미련없이 후닥닥 계단을 뛰어내려왔다.

"드릴 말씀이 있습니다." 스튜어디스가 말을 이었다. 그런데 채 5분도 안 돼 그녀의 눈가에 눈물이 맺혔다. 그녀는 오늘 아침에 이혼서류를 받았다고 했다. 수없이 전화를 걸었지만 남편은 받지 않았다. 앞으로 어떻게 살아야 할지 막막하다고 했다. 직장에 나왔지만 일이 손에 잡히질 않는다며 힘들어했다. 그녀를 위해 기도했다.

　세상에 그런 어려움을 겪는 이들은 아주 많다. 어쩌면 바로 당신일 수도 있고, 당신 바로 곁에 있는 사람일 수도 있다. 그리고 그리스도인이라면 누구나 기도라는 무기를 사용할 수 있다. 귀를 점검해 보라. 청각이 살아 있는가? 하나님이 보내신 종의 목소리가 들리는가? 주님이 양심을 휘젓고 계시는 소리가 들리는가?

　시력은 어떤가? 사람이 사람으로 보이는가? 아니면 필요한 기능을 수행해 주는 로봇으로 보이는가? 도움을 청하는 이들이 잘 보이는가? 너무 멀어서 무언가 꼬물대는 정도로만 보이는 건 아닌지 모르겠다.

높아지는 비결을 배우라

　다윗과 밧세바 이야기는 욕정의 문제라기보다 자신을 위해서 한없이 높은 곳으로 올라갔던 인간의 흥망사였다. '추락하기 전에 알아서 내려오라'는 충고에 귀를 기울였더라면 얼마나 좋았을까? "교만은 패망의 선봉이요 거만한 마음은 넘어짐의 앞잡이니라"(잠 16:18).

　하나님이 교만을 미워하시는 이유가 여기에 있다. 하나님은 자녀들이 넘어지는 걸 보아 넘기지 못하신다. 거만한 마음이 자녀들에게 영향을 미치는 걸 끔찍이도 혐오하신다. 교만을 싫어하시는 게 아니다. 증오하신다. 잠언 8장 13절에 주님의 속마음이 명확하게 드러난다. "나는 교만과 거만과 악한 행실과 패역한 입을 미워하느니라." 그리고 다시 한 번 경고하신다. "무릇 마음이 교만한 자를 여호와께서 미워하시나니 피차 손을 잡을지라도 벌을 면치 못하리라"(잠 16:5).

그런 벌을 받고 싶지는 않을 것이다. 그렇다면 다윗의 전철을 밟지 말라. 오만해진 왕은 거인과의 한판 승부에서 패한 뒤에 끝내 완전히 회복되지 못했다. 그런 실수를 저지르지 않도록 조심하라. 추락하기 전에 서둘러 꼭대기에서 내려오는 편이 훨씬 현명하다.

겸손하기 위해 노력하라. **자신이 남보다 덜하다고 생각하는 게 아니라 자신을 덜 생각하는 게 참된 겸손이다.** "마땅히 생각할 그 이상의 생각을 품지 말고 오직 하나님께서 각 사람에게 나눠 주신 믿음의 분량대로 지혜롭게 생각하라"(롬 12:3).

가난을 받아들이라. 인간은 너나없이 상처와 축복을 골고루 받았다. "모태에서 벌거벗고 나왔은즉 그 나온 대로 돌아가고 수고하여 얻은 것을 아무것도 손에 가지고 가지 못하리니"(전 5:15).

귀빈석을 기꺼이 거절하라. "청함을 받았을 때에 차라리 가서 말석에 앉으라 그러면 너를 청한 자가 와서 너더러 벗이여 올라 앉으라 하리니 그때에야 함께 앉은 모든 사람 앞에 영광이 있으리라"(눅 14:10).

바닥으로 내려가기보다 높은 자리로 이끌려 올라가고 싶지 않은가? 하나님이 높아지고 강해지는 비결을 알려 주셨다. 바로 산꼭대기에서 내려오는 것이다. 고도가 낮아지면 세상이 새롭게 보이고, 듣지 못하던 소리가 들려 온다. 숨쉬기도 훨씬 쉬워진다.

나의 믿음연습장

1. 귀를 점검해 보라. 청각이 살아 있는가? 하나님이 보내신 종의 목소리가 들리는가? 주님이 양심을 휘젓고 계시는 소리가 들리는가?

   시력은 어떤가? 사람이 사람으로 보이는가? 아니면 필요한 기능을 수행해 주는 로봇으로 보이는가? 도움을 청하는 이들이 눈에 잘 띄는가? 너무 멀어서 무언가 꼬물대는 정도로만 보이는 건 아닌가?

2. 삶의 여러 영역들을 생각해 보라. 어떤 부분에서 하나님께 더 주목할 필요가 있는가?

3. 추락하기 전에 서둘러 꼭대기에서 내려오는 편이 훨씬 현명하다. 가능한 한 서둘러 내려와야 할 산이 있는가? 어떤 산인가?

4. 베드로전서 5장 6절을 읽으라. 본문은 그리스도인들에게 어떤 명령을 주는가?

명령을 좇은 이들에게는 어떤 언약이 따르는가?

하나님은 언제 그 언약을 이루시는가?

{ ### 당신을 위한 다윗의 전략노트

성경은 겸손하라고 수없이 가르친다. 삶의 어느 영역에서 겸손해질 필요가 있는가? 시간을 내서 이 문제를 깊이 생각하라. 겸손을 실천할 수 있는 구체적인 방안을 마련하라. 이번주에 집중할 영역을 결정하고, 어떻게 실천할 것인지 단계별로 계획을 세우라. 준비가 끝났으면 하나하나 절차를 밟아 나가라.

선택하고 집중하라 *Facing Your Giants*

믿음연습 16
회개의 타이밍을 놓치지 않는다

하나님은 다윗의 죄를 내다버리고 다시는 돌아보지 않으셨다.
그러나 무조건 덮어 주시지 않고 정확하게 짚으신 후에 제거하신다.

혹시 바티칸이 교황의 이름을 어떻게 결정하는지 알고 있는가? 자칭 '도메인 사냥꾼' 로저스 캐던헤드(Rogers Cadenhead)가 그 비밀을 파헤쳤다. 그리고 요한 바오로 교황이 세상을 떠나자마자 후임자의 이름이 공표되기도 전에 www.BenedictXVI.com이라는 도메인을 등록했다. 바티칸 당국에서 그 이름을 간절히 원할 것이라 판단하고 한발 앞질러 차지했던 것이다. 제대로 걸리기만 하면 상당한 돈을 벌 수 있다.

실제로 www.PopeBenedictXVI.com이라는 도메인은 이베이(E-bay) 경매에서 천육백 만 원에 팔려 나갔다. 하지만 캐던헤드는 돈을 요구하지 않았다. 가톨릭교도였던 터라 교회가 그 이름을 소유하게 된 것만으로도 충분히 행복했다. 기자들과 만난 자리에서도 "십일 억 신자들과 할머니를 화나게 하지 말아야겠다고 생각했을 따름"이라며 너스레를 떨었다. 하지만 완전히 공짜는 아니었다. 도메인을 넘기는 대가로 다음 세 가지를 받고 싶어 했다.

- 교황이 쓰던 모자 하나
- 바티칸 호텔의 자유 투숙권
- 1987년 3월 셋째 주에 대한 완전 사면 주1

1987년 3월 셋째 주? 대체 그때 무슨 일이 있었던 것일까? 그게 궁금해지면서 갑자기 나에겐 그렇게 요구할 만한 시기가 없었는지 생각에 골몰히 빠졌다. 누구한테나 한두 번쯤은 그런 때가 있지 않을까 싶다. 어리석은 짓들만 골라 하며 보낸 여름 한 철이 있다. 한 달 간의 일탈도 있었다. 며칠 동안 광란의 시간을 보낸 적도 있다. 마음대로 살고, 마음껏 마시고, 마음껏 피워 댔던 시절도 있었다. 1분 1초 단위로 삶을 기록하는 블랙박스가 있다면 어느 부분을 삭제해 버리고 싶은가?

침묵에도 뜻이 있다

다윗에게도 그런 때가 있었다. 밧세바를 유혹해서 임신하게 하고, 남편 우리아를 살해했으며, 장수와 병사들을 속였다. 그럼에도 불구하고 태연하게 결혼식을 올리고 아이를 낳았다.

범죄는 완벽하게 은폐되는가 싶었다. 겉으로 봐서는 아무런 실마리도 잡을 수 없었다. 다윗은 새 아내를 얻어 행복한 나날을 보내는 듯했다. 하지만 속에서는 죄책감이 무섭게 고개를 쳐들었다. 훗날 다윗은 당시 상황을 손에 잡힐 것처럼 그려 냈다.

내가 토설치 아니할 때에
종일 신음하므로 내 뼈가 쇠하였도다
주의 손이 주야로 나를 누르시오니
내 진액이 화하여
여름 가물에 마름같이 되었나이다 (시 32:3-4).

다윗의 심령은 한겨울 추위 속에 앙상하게 서 있는 가로수 같다. 가지에는 이파리 하나 남아 있지 않다. 껴안고 살다시피 하던 수금은 벽에 걸린 채 먼지를 뒤집어쓰고 있다. '3월 셋째 주'는 이리떼처럼 악착같이 왕의 뒤를 쫓아다닌다. 아무리 애를 써도 빠져나갈 수가 없다. 왜 그런 걸까? 하나님이 그렇게 아귀를 맞춰 놓으셨기 때문이다.

사무엘하 11장 마지막 절을 잘 보라. "다윗의 소위가 여호와 보시기에 악하였더라"(27절). 성경기자는 다윗과 밧세바가 이끌어 오던 드라마에 새로운 인물을 등장시킨다. 바로 하나님이시다. 여태까지 하나님은 본문에 단 한 번도 언급되지 않았다. 밧세바를 유혹하는 대목에도, 왕이 음모를 꾸밀 때도 그분이 개입하실 여지는 모두 차단됐다.

우리아를 묻고 그의 아내와 결혼하는 순간에도 보이지 않으신다. 다윗이 하나님을 찾지도 않았고, 주님이 말씀하신 적도 없다.

사무엘하 11장 27절 전반부는 마치 행복한 결말 같은 착각을 일으킨다. 밧세바가 다윗의 "처가 되어 아들을 낳으니라"고 한 부분이다. 둘은 아기 방을 꾸미고 잡지책을 뒤적이며 예쁜 이름을 고르느라 여념이 없다. 그렇게 아홉 달이 흘러 마침내 아이가 태어났다. 다들 다윗이 총알을 피했다고 생각한다. 천사들이 다윗 사건과 관련된 서류들을 추려서 '남자는 못 말려'라고 적힌 파일에 끼워 넣고 손을 털었으려니 한다. 하나님이 보지 못하셨으리라 생각한다. 하지만 일은 세상이 생각하는 대로, 다윗이 바라는 대로 풀려 가지 않는다. 누군가가 커튼 뒤에 숨어 있다가 무대 위로 튀어나와서 외친다. "다윗이 저지른 일 때문에 주님이 불쾌해하신다!"

때가 되면 일을 시작하신다

하나님은 더 이상 침묵하지 않으신다. 11장 마지막 절까지는 전혀 보이지 않던 거룩한 이름이 12장에 들어서자마자 곳곳에 나타난다. 주님이 주도권을 완전히 장악하는 동안 '보내기 좋아하던' 다윗은 가만히 앉아 구경만 한다.

하나님은 나단을 다윗에게 파견하셨다. 나단은 선지자요 설교자이며, 요즘으로 치자면 대통령 고문 비슷한 역할까지 맡고 있는 인물이다. 왕에게 가기에 그만한 적임자가 없었다. 나단은 우리아에게 무슨 일이 벌어졌는지 잘 알고 있었다. 자, 그럼 다윗은 아픈 데를 찌르고 들어오는 선지자를 어떻게 대할까?

왕 앞에 나아간 나단은 다짜고짜 잘못을 지적하지 않고, 대신 가진 거라곤 양 한 마리뿐인 가난한 남자에 관한 이야기를 들려준다. 왕이 되기 전엔 다윗도 양떼를 키우는 목동이었다. 가진 게 없어 목자를 고용하지 못하고 막내아들에게 양을 치게 했던 집안에서 자랐기 때문에 가난이 어떤 건지도 잘 안다. 선지자는 가난한 목자가 양 한 마리를 얼마나 사랑했는지 이야기한다. 늘 무릎에 앉히고 자기 그릇에서 밥을 덜어 먹였다. 그 양 한 마리는 그의 모든 것이라고 해도 과언이 아니었다.

이제 못된 졸부가 이야기에 끼어든다. 나그네 하나가 부자의 저택에 묵어 가게 됐다. 끼니때가 되자 부자는 자기 가축을 잡는 대신 경호원들을 보내 가난한 남자의 양을 빼앗아 오게 했다. 경호원들은 콧노래를 부르며 몰려가서 양을 낚아채다가 불을 피우고 바비큐를 만든다.

이야기를 듣던 다윗의 수염이 곤두서고, 옥좌의 팔걸이를 쥔 손이 부들부들 떨린다. 두 번 생각할 것도 없이 판결을 내린다. 선지자가 내민 미끼를 덥석 문 것이다. "다윗이 그 사람을 크게 노하여 나단에게 이르되 여호와의 사심을 가리켜 맹세하노니 이 일을 행한 사람은 마땅히 죽을 자라 저가 불쌍히 여기지 않고 이 일을 행하였으니 그 양 새끼를 사배나 갚아 주어야 하리라"(삼하 12:5-6).

다윗 선생, 꿈에도 몰랐지요? 선지자는 벌써 교수대를 세우고 밧줄을 걸어 놨답니다. 이제 손을 뒤로 묶은 다음에 단상 위로 끌어올릴 겁니다. 그리곤 밑으로 꺼지게 되어 있는 마루 위에다 세우겠지요. 목에다 올가미를 두를 땐 마른침을 삼키게 될걸요? 목줄을 죄는 순간 선고가 내려집니다.

"당신이 그 사람이라"(삼하 12:7).

왕의 얼굴이 창백지더니, 이마에 굵은 땀방울이 맺힌다. 아무런 변명도 하지 못하고, 한숨조차 제대로 쉬지 못한다. 입이 열 개라도 할 말이 없다. 그때 하나님이 나단의 입을 통해 선포하신다.

> 내가 너로 이스라엘 왕을 삼기 위하여 네게 기름을 붓고 너를 사울의 손에서 구원하고 네 주인의 집을 네게 주고 네 주인의 처들을 네 품에 두고 이스라엘과 유다 족속을 네게 맡겼느니라 만일 그것이 부족하였을 것 같으면 내가 네게 이것저것을 더 주었으리라 그러한데 어찌하여 네가 여호와의 말씀을 업신여기고 나 보기에 악을 행하였느뇨 네가 칼로 헷 사람 우리아를 죽이되 암몬 자손의 칼로 죽이고 그 처를 빼앗아 네 처를 삼았도다(삼하 12:7-9).

지금 회개하라

주님 말씀에 미움은 없다. 그저 상처만 가득 배어 있을 따름이다. "네 양떼가 언덕을 뒤덮고도 남지 않느냐? 그런데 어째서 남의 것을 강탈했느냐? 아름다운 여인이라면 궁궐에 차고 넘치지 않느냐? 어찌

자고 남의 아내를 탐하였느냐? 무엇 때문에 다른 이의 소유를 훔쳤느냐?"

다윗에게는 둘러댈 말이 없다. 그리고 마침내 하나님의 선고가 떨어졌다.

> 이제 네가 나를 업신여기고 헷 사람 우리아의 처를 빼앗아 네 처를 삼았은즉 칼이 네 집에 영영히 떠나지 아니하리라 … 또 이처럼 이르시기를 내가 네 집에 재화를 일으키고 내가 네 처들을 가져 네 눈앞에서 다른 사람에게 주리니 그 사람이 네 처들로 더불어 백주에 동침하리라 너는 은밀히 행하였으나 나는 이스라엘 무리 앞 백주에 이 일을 행하리라 (삼하 12:10-12).

그날을 기점으로 다윗의 가정에는 비극적인 사건들이 줄을 잇는다. 부정한 관계로 낳은 아이는 세상을 떠난다(삼하 12:8). 주변 이방국 가들은 다윗의 하나님이 과연 거룩한 분이신지 의문을 품는다. 타락한 왕이 주님의 명성을 더럽히고, 그분의 이름에 먹칠을 한 것이다. 영광이 땅에 떨어지는 걸 용납지 않으시는 하나님은 다윗의 공공연한 죄를 역시 공개적인 방식으로 징계하셨다. 수많은 갓난아기들이 목숨을 잃었다. 이스라엘의 왕은 민수기 32장 23절의 가혹한 진리를 뼈저리게 실감했다. "너희 죄가 정녕 너희를 찾아낼 줄 알라."

이 말씀이 변함없는 진리임을 믿는가? '1987년 3월 셋째 주'에 저질렀던 잘못이 끈덕지게 따라다니며, 당신의 삶을 오염시키고 있는가? 이제 남은 것은 참담한 좌절감에 시달리는 일뿐이다. 종기처럼 살갗을 뚫고 올라와 사시장철 괴롭힐 것이다.

어린 시절, 동생이 뾰두라지로 고생하는 걸 본 적이 있다. 목 뒤에서 고름으로 가득 찬 덩어리가 조그만 화산처럼 솟아올랐다. 간호사였던 어머니는 잘 짜 줘야 빨리 낫는다는 걸 알고 있었다. 그래서 매일 아침, 두 엄지손톱을 이용해 종기를 쥐어짰다. 힘을 주면 줄수록 동생의 비명도 커졌다. 하지만 아무리 비명을 질러도 어머니는 뿌리가 뽑혀 나올 때까지 멈추지 않았다.

어머니가 너무 인정사정없이 짜 댄 게 아니냐고 생각하는 이도 있을 것이다. 그럼 하나님의 손에 맡겨 보면 어떨까? 고백하지 않은 죄는 잔뜩 곪은 종기처럼 마음 깊이 뿌리를 내리고 독소를 내뿜으며 세력을 넓혀 간다. 그때마다 주님은 은혜로운 엄지손가락으로 뾰두라지가 툭 터질 때까지 힘껏 누르신다.

> 궤사한 자의 길은 험하니라(잠 13:15).
> 내가 보건대 악을 밭갈고 독을 뿌리는 자는 그대로 거두나니
> (욥 4:8).

하나님은 잠을 빼앗고, 평안을 거둬 가신다. 안식을 조금도 허락하지 않으신다. 왜 그러시는지 이유가 알고 싶은가? 죄를 뿌리째 뽑아

버리길 원하시기 때문이다. 아기 몸에 독물이 스며드는 걸 두고 볼 엄마는 없을 것이다. 하나님도 마찬가지이시다. **주님은 거룩한 자녀들에게 죄의 독성이 퍼지도록 두고 보지 않으신다.** 다윗처럼 죄를 자복하기까지 조금도 쉬지 않고 압박하신다. "다윗이 나단에게 이르되 내가 여호와께 죄를 범하였노라 하매 나단이 다윗에게 대답하되 여호와께서도 당신의 죄를 사하셨나니 당신이 죽지 아니하려니와"(삼하 12:13).

재미있지 않은가? 다윗은 나단의 이야기를 듣다 못된 부자의 행실에 격분해 그에게 사형을 선고했다. 그에 비하면 하나님은 얼마나 너그러우신지 모른다. 다윗의 죄를 내다버리고 다시는 돌아보지 않으셨으니 말이다. 무조건 덮어 주신 게 아니라 정확하게 짚으신 후에 제거하셨다.

> 동이 서에서 먼 것같이 우리 죄과를 우리에게서 멀리 옮기셨으며 아비가 자식을 불쌍히 여김같이 여호와께서 자기를 경외하는 자를 불쌍히 여기시나니 (시 103:12-13).

사건이 마무리되기까지 일 년이라는 세월이 걸렸다. 밧세바가 아기를 갖고, 우리아가 피살되고, 선지자가 나서서 왕을 추궁하고, 하나님의 엄밀한 조사와 압박이 있었다. 마침내 다윗의 단단하던 마음이 부드러워졌고, 왕은 고백한다. "내가 여호와께 죄를 범하였노라"(삼하

12:13).

하나님은 죄를 내버리고 돌아보지 않으셨다. 우리의 죄도 그렇게 처리해 주신다. 이제 저마다 가지고 있는 '1987년 3월 셋째 주'를 내려놓을 때이다. 기억을 들고 하나님 앞에 나가라. 거룩한 심판대에 잘못한 일들을 올려놓으라. 유죄 판결을 내리고, 사해 주시며, 영원히 제거해 주시도록 주님께 온전히 내맡겨라. 하나님은 기꺼이 그 일을 맡아 주실 것이다. 교황의 이름을 딴 도메인을 만들어 바칠 필요도 없다.

Forgiveness…

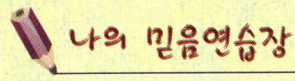 나의 믿음연습장

1. 다윗의 죄와 관련하여 하나님은 어떤 점에 가장 큰 상처를 받으셨겠는가?

  자신의 죄를 돌아보라. 주님은 어떤 부분에서 가장 큰 상처를 받으셨을 거라고 생각하는가?

2. 참담한 좌절감 때문에 고통스러웠던 적이 있었는가? 어떻게 거기서 빠져나왔는가?

3. 하나님은 죄를 제거해 주시고 다시는 돌아보지도 않으신다. 죄를 완전히 없애 주시고 영원히 잊어 주시길 간구해 보았는가? 어떤 경우였는가? 어떻게 되었는가?

4. 시편 103편 11-13절을 읽으라. 11절에 따르면, 하나님은 어떤 이들을 향해 큰 사랑을 품고 계시는가?

12절의 핵심을 자신의 말로 설명해 보라.

13절에 따르면, 주님은 어떤 이들에게 긍휼을 쏟아부어 주시는가?

당신을 위한 다윗의 전략노트

아직 떨쳐 버리지 못한 잘못이 있는가? 그렇다면 지금 당장 주님 앞에 들고 나가라. 어떤 잘못이었는지 구체적으로 아뢰어라. 영적인 반역 행위였는가? 그분께 모욕이 되는 일을 저질렀는가? 하나님이 만들어 주신 거룩한 몸과 마음에 더러운 때를 묻혔는가? 동이 서에서 먼 것같이 모든 죄를 제거해 주신 주님께 감사하라. 앞으로 다시는 그런 죄를 짓지 않을 힘을 달라고 간구하라. 거룩한 가르침과 성경말씀에 순종하도록 도와주시길 요청하라.

네가 보거니와 믿음이 그의 행함과 함께
일하고 행함으로 믿음이 온전케 되었느니라

* * *

You see that his faith and his actions were working

together, and his faith

was made complete by what he did

(야 2:22)

5단계 결단하고 실천하라
믿음은 하나님의 성공을 낳는다

믿음연습은 가정에서 시작한다 _ 믿음연습 17
인생의 반전을 기대한다 _ 믿음연습 18
골리앗을 향해 물맷돌을 던진다 _ 믿음연습 19

결단하고 실천하라 *Facing Your Giants*

믿음연습 17
믿음연습은 가정에서 시작한다

> 아이들에게 사랑은 곧 시간이다. 질적인 시간뿐만 아니라 양적인
> 시간도 중요하다. 언제나, 언제라도, 언제까지나 함께해 주는 게 필요하다.
> 자녀양육은 취미생활이 아니라 소명이다.

다윗의 나이 육십 대 초반이었지만, 겉모습은 그보다 훨씬 늙어 보였다. 어깨는 구부정하게 굽었고, 고개를 숙인 채 다리는 팔순 노인처럼 지척거린다. 한 걸음 한 걸음 내딛는 게 너무도 힘겨워 보인다. 조금 가는가 싶으면 멈추고, 걷는가 싶으면 또 쉰다. 물론 산비탈을 걷기가 쉽지는 않았을 것이다. 그러나 한편으로는 눈물이 앞을 가리는 탓이기도 했다.

육십 평생 걸었던 어떤 길보다 먼 길이었다. 골리앗과 싸우러 갈 때 지났던 개울가의 길은 비할 바도 못 되었다. 도망자에서 왕에 오르기까지 걸었던 길보다 더 길었다. 유죄 판결에서 고백에 이르는 죄책감의 뒷길보다도 훨씬 멀었다. 그런 길들에도 가파른 굽이가 있기는

했다. 하지만 감람산에서 내려가는 길에 비하면 새 발의 피였다.

> 다윗이 감람산 길로 올라갈 때에 머리를 가리우고 맨발로 울며 행하고 저와 함께 가는 백성들도 각각 그 머리를 가리우고 울며 올라가니라(삼하 15:30).

자세히 들여다보면 다윗이 우는 이유를 알 수 있다. 그의 머리에는 이제 왕관이 없다. 아들 압살롬이 빼앗아 갔기 때문이다. 예루살렘 성을 버리고 나온 터라 갈 곳도 없다. 스스로 건설한 수도에서 허둥지둥 도망치는 처량한 신세가 된 것이다. 그런 처지에 놓였는데, 어느 누가 울지 않을 수 있겠는가? 이제는 왕좌도 없고 집도 없다. 예루살렘은 등 뒤로 멀어져 가고, 눈앞에는 황량한 광야만 펼쳐져 있다.

사랑의 훈계를 아끼지 말라

다윗은 어쩌다 늙고 외로운 몸을 이끌고 산골짜기 험한 길을 걷게 된 것일까? 다윗의 말을 한번 들어 보자. 먼저 두 가지 간단한 질문을 해볼 생각이다.

"다윗 임금님, 자식들은 잘 지내죠?"

다윗은 찔끔한다. 밧세바를 유혹한 때로부터 14년, 선지자로부터 "칼이 네 집에 영영히 떠나지 아니하리라"(삼하 12:10)는 얘기를 들은 지 13년이 흘렀다.

고통스럽게도 나단의 예언은 현실이 됐다. 아들 암논은 배다른 여동생 다말에게 욕정을 품더니, 연모의 마음을 주체하지 못하고 계략을 써서 강제로 욕을 보이기에 이르렀다. 게다가 욕심을 채운 뒤에는 가지고 놀다 싫증난 인형처럼 취급했다.

다말은 깊은 수렁에 빠졌다. 머리에 재를 뒤집어쓰고, 아직 결혼하지 않은 공주가 입는 색동옷을 갈기갈기 찢어 버렸다. "오라비 압살롬의 집에 있어 처량하게"(삼하 13:20) 지냈다. 이에 다윗 왕은 "모든 일을 듣고 심히 노하"(삼하 13:21)였다.

하지만 그게 전부였다. 다윗은 천하에 못된 짓을 저지른 자식에게 호통은커녕 한마디 훈계조차 없었다. 감옥에 집어넣는 건 고사하고, 어떤 벌도 주지 않았다.

그뿐이 아니다. 다말에게도 아무런 조처를 취하지 않았다. 딸은 그 어느 때보다 아버지의 보호와 사랑이 필요했다. 하지만 다말에게 돌아온 건 뜻 모를 침묵이 전부였다. 그래서 오빠 압살롬이 아버지의 빈자리를 채우러 나섰다. 동생에게 피난처를 제공하고 암논을 없앨 계략을 세웠다. 그리고는 술에 잔뜩 취하게 만든 다음 죽여 버렸다.

근친상간으로 딸은 성폭행을 당했고, 아들은 그 죄로 형에게 죽임을 당했다. 그리고 한 아들은 손에 형제의 피를 묻혔다. 궁궐은 혼란에 빠지고 말았다. 이제 다윗이 나설 차례다. 골리앗을 물리친 용기를 보여 주어야 한다. 사울을 용서했던 너그러움을 되살려야 한다. 브솔 시냇가의 리더십을 발휘해야 한다. 식구들은 영적으로든 육적으로든 최상의 컨디션을 유지하던 시절의 다윗을 다시 보고 싶어 한다. 그런데 어디서도 과거의 영광을 찾아볼 수 없었다. 다윗은 모든 상황을 뻔히 알면서도 모르는 체했고, 적절하게 대처하지도 못했다. 그저 눈물을 흘릴 뿐이었다.

압살롬은 아버지의 침묵을 분노로 해석하고 예루살렘에서 도망쳐 할아버지의 집에 몸을 숨겼다. 하지만 다윗에게는 아들을 찾아볼 생각조차 없었다. 그렇게 3년이나 아버지와 아들은 각기 다른 성읍에서 살았다. 마침내 압살롬은 예루살렘으로 돌아왔지만, 다윗은 여전히 만나 주지 않았다. 그동안 아들은 결혼해서 네 아이를 두었다. 성경은 "압살롬이 이태 동안을 예루살렘에 있으되 왕의 얼굴을 보지 못하였으므로"(삼하 14:28)라고 기록하고 있다.

그런 식으로 외면하고 살기도 힘든 일이다. 예루살렘은 작은 도시이다. 기피인물이 된 압살롬은 날마다 아버지의 동정을 엿보며 어떻게 아버지 앞에 나서야 할지 궁리에 골몰한다. 반면 다윗은 한결같이 아들을 모르는 체한다.

더 정확하게 말하자면 다윗은 모든 자식들에게 관심을 주지 않았다. 나중에 나오는 말씀들에는 다윗의 양육철학이 고스란히 드러난다. 한번은 왕자들 가운데 아도니야라는 인물이 쿠데타를 기도했다. 왕위를 차지하기 위해 전차와 기병을 모으는 한편, 사병들을 소집했다. 아버지가 모반을 꾀한 아들을 꾸짖었을까? 어림도 없는 얘기이다. 성경의 기록에 따르면, 다윗은 "네가 어찌하여 그리 하였느냐 하는 말로 한 번도 저를 섭섭하게 한 일이"(왕상 1:6) 없었다.

다윗은 수동적인 아버지의 전형이다. 그러니 아이들은 어떻게 지내느냐는 물음에 그저 머리만 긁적이다 말 뿐이다. 하지만 두 번째 질문만큼 난처해하지는 않을지 모른다. 최소한 얼굴이 하얗게 질리지는 않을 테니 말이다.

상처의 뿌리가 깊어지기 전에 행동하라

"다윗 임금님, 결혼생활은 좀 어떠세요?"

사무엘하 3장에서부터 문제가 불거질 조짐이 보이기 시작한다. 지루한 족보처럼 보이는 게 사실은 사소한 불씨만 생겨도 금방 폭발할 화약고나 다름없다.

> 다윗이 헤브론에서 아들들을 낳았으되 맏아들은 암논이라 이스르엘 여인 아히노암의 소생이요 둘째는 길르압이라 갈멜 사람 나발의 아내 되었던 아비가일의 소생이요 셋째는 압살롬이라 그술 왕 달매의 딸 마아가의 아들이요 넷째는 아도니야라 학깃의 아들이요 다섯째는 스바댜라 아비달의 아들이요 여섯째는 이드르암이라 다윗의 아내 에글라의 소생이니 이는 다윗이 헤브론에서 낳은 자들이더라(삼하 3:2-5).

본문에 나오는 아내만 여섯이다. 여기다 첫 번째 아내 미갈과 그 이름도 유명한 밧세바를 보태면 무려 여덟 명이다. 하루에 한 명씩 번갈아 만난다 해도 한 명이 남을 만큼 많다. 성경을 뒤져서 다윗의 숨겨진 가족까지 끄집어내면 상황은 더욱 심각해진다. 역대기는 자식들의 이름을 줄줄이 열거한 뒤에 한마디 덧붙인다. "다 다윗의 아들이요 저희의 누이는 다말이며 이외에 또 첩의 아들이 있었더라"(대상 3:9).

첩이라니? 그렇다면 다른 여인에게서 또 다른 자식들을 낳았는데, 이름은 고사하고 몇 명이나 되는지도 모른다는 것 아닌가? 회의적인 이들은 다윗이 정말 그랬을까 의심할 수도 있다. 다윗은 도대체 무슨 생각을 했던 걸까? 창세기 2장 24절에 기록된 하나님의 가르침을 정말 몰랐던 걸까? "이러므로 남자가 부모를 떠나 그 아내와 연합하여 둘이 한 몸을 이룰찌로다." 성경은 한 남자, 한 여자의 한 번 결혼을 말한다. 그런데 왕은 그걸 버리고 훨씬 복잡한 삼각함수를 선택했다.

사실 다윗은 어느 면에서도 빠지지 않는 인물이었다. 열두 지파를 아울러서 한 나라를 만들었다. 군대를 지휘해 정복 전쟁을 치러 냈다. 수도를 건설했을 뿐만 아니라 언약궤를 예루살렘으로 맞아들였으며, 성전으로 올라가는 길을 닦아 여호와 하나님을 명실 공히 온 백성의 주인으로 모셨다. 어디 그뿐인가? 아직도 애송되는 시가와 시편들을 썼다. 하지만 가정을 제대로 다스리지 못해 명성에 깊은 상처를 내고 말았다.

가족을 돌보지 않은 건 치명적인 실수였다. 밧세바를 유혹한 건 변명의 여지는 없을지언정 이해의 소지는 남아 있었다. 우리아를 죽였던 건 무지막지한 짓이었지만, 그만큼 당시에는 절박했다. 하지만 아내와 첩을 수없이 맞아들이면서도 자녀양육에는 소홀했다니! 이건 권태로운 오후의 불장난이나 자기방어에 급급한 죄인이 보이는 발작적인 반응과는 차원이 다르다. 그리고 다윗은 결국 그 대가를 값비싸게 치렀다.

다윗은 결국 압살롬을 다시 맞아들였다. 하지만 이미 상처의 뿌리는 깊어 있었고, 마침내 아들은 아버지를 왕좌에서 몰아내기로 작정했다. 압살롬은 다윗의 군대에서 동조자를 끌어 모아 쿠데타를 일으켰다. 반란군이 예루살렘을 점령하자 다윗은 부랴부랴 피난길에 나섰다. 감람산을 넘어 광야로 발길을 재촉했다. "다윗이 감람산 길로 올라갈 때에 머리를 가리우고 맨발로 울며 행하고 저와 함께 가는 백성들도 각각 그 머리를 가리우고 울며 올라가니라"(삼하 15:30).

하지만 쿠데타는 실패로 돌아갔다. 정부군이 압살롬을 몰아낸 것이다. 말을 잡아 타고 도망치던 압살롬의 긴 머리칼이 나무에 걸렸고, 그렇게 뒤를 쫓던 군사의 창 끝에 목숨을 잃었다. 소식을 들은 다윗의 마음은 갈기갈기 찢이졌다. "내 아들 압살롬아 내 아들 내 아들 압살롬아 내가 너를 대신하여 죽었더면 압살롬 내 아들아 내 아들아"(삼하 18:33).

때늦은 눈물이 앞을 가린다. 다윗은 가정 말고는 어디서든 성공을 거두었다. 하지만 집안에 분란이 끊이지 않는다면 다른 데서 성공한들 무슨 소용이 있단 말인가? 혹시 사도 바울의 조언을 들을 수 있었더라면 그 지경까지 가지는 않았을지도 모른다. "아비들아 너희 자녀를 노엽게 하지 말고 오직 주의 교양과 훈계로 양육하라"(엡 6:4).

가정은 하나님이 만드신 최고의 작품이다

풍비박산이 난 다윗의 집안을 어떻게 설명해야 할까? 식구들에게 유난히 말이 없었던 다윗의 침묵을 어떻게 해석해야 할까?

다윗의 시편에는 자식에 관한 것이 단 한 편도 없다. 그렇게 많은 여인들과 산 만큼 자식도 많았을 터인데, 그렇다면 적어도 한 명 정도는 노래의 주제로 삼았어야 하지 않을까? 블레셋을 위해 기도하고 용사들을 품고 중보했다. 친구 요나단을 위해서는 물론이고 최대 정적인 사울을 위해서도 간구했다. 그런데 유독 가족에 관해서는 모르쇠로 일관했다.

너무 바빠서 일일이 신경 쓸 수 없었던 걸까? 물론 그럴 수도 있다. 수도의 기반을 닦고 나라를 든든히 세워야 했으니 이해가 안 되는 것도 아니다.

너무 중요한 인물이어서 사사로이 가족 따위나 돌볼 겨를이 없었던 걸까? "애들은 마누라들이 알아서 키우면 그만이고, 난 국가를 이끌어야 해."

아니면 아이들을 돌아보기에는 죄책감이 너무 컸던 걸까? 하긴, 밧세바를 유혹하고 우리아를 모살한 주제에 자식이 성폭행과 살인을 저지른들 어떻게 야단칠 수 있었겠는가?

너무 바쁘고, 너무 중요하고, 너무 죄스러웠기 때문이란 말인가? 정말 그게 전부일까? 아니다. '너무'를 붙여야 할 말이 하나 더 남아 있다. 다윗의 깨달음은 너무 늦었다는 것이다. 그게 우리와 다른 점이다. 우리는 아직 늦지 않았다. 가정은 비교할 수 없을 만큼 대단한 특권이다. 그러므로 당연히 무엇보다 우선되어야 한다. 다윗의 비극을 되풀이하지 말라.

당신의 결혼생활은 어떠한가?

결혼생활을 테스토레(Testore)처럼 소중하게 생각하라. 테스토레는 겉보기에는 똑같은 첼로지만 드물게 잘 만들어진 까닭에 금방 명기의 반열에 올랐으며, 값도 천정부지로 치솟았다. 몇몇 음악가만이 테스토레를 연주할 수 있는 특권을 누린다. 그러니 소유할 수 있는 이는 얼마나 적겠는가? 우연히 그 유명한 악기를 가진 이를 알게 됐다. 결혼의 순수성이 얼마나 깨지기 쉬운지 보여 주고 싶어 설교에 쓰겠다면서 빌려 달라고 하자, 몹시 조심스러워하면서도 흔쾌히 응했다. 거의 3백년이나 된 악기를 단상에 올려놓은 다음 그리스도인들의 결혼생활이 교회에 얼마나 중요한지 설명했다.

내가 그 명기를 어떻게 했을 것 같은가? 이리저리 휘두르고, 툭툭 치고, 줄을 잡아당겨 보았을까? 천만에 말씀이다. 서툰 솜씨로 만지기에는 너무나 값진 악기였다. 주인은 자신의 보물을 빌려 준 것이었다. 소유주의 가보를 모독할 수는 없지 않겠는가?

결혼하는 날, 하나님은 우리에게 거룩한 예술품을 빌려 주셨다. 그 예술품은 정교하게 만들고 세밀하게 다듬은 걸작 중의 걸작이다. **세상에 단 하나뿐인 창작품을 믿고 맡기신 것이다.** 그러므로 아내를 귀히 여겨야 한다. 남편을 존중해야 한다. 테스토레를 선물로 받

앉으면서, 어째서 엉뚱한 이들 주위를 어슬렁거리는가?

자녀양육은 취미생활이 아니라 소명이다

다윗은 그걸 잊었다. 취미로 골동품 사 모으듯 아내를 맞아들였다. 배우자를 하나님이 세우신 계획의 일부가 아니라, 쾌락의 도구로만 생각했다. 당신은 절대 다윗과 똑같은 실수를 범하지 말라.

배우자에게 성실하라. 무엇과도 타협하지 말고 부부로서 도리를 지키라. 누구한테든 잠시도 한눈팔아서는 안 된다. 불장난? 꿈도 꾸지 말라. 괜히 상대방의 책상이나 사무실에 찾아가서 미적미적 시간을 보내는 일도 용납할 수 없다. 언약을 맺었으니, 이제 지키는 일만 남았다.

하나님의 선물인 자녀들을 키울 때도 마찬가지이다. 드러나지 않은 주인공들이 세상을 아름답게 가꿔 가고 있다. 영웅들은 리본이 달린 옷을 입고 트로피에 입을 맞추지 않는다. 또한 음식찌꺼기가 묻은 옷을 입고 넘어져 벗겨진 살갗에 입을 맞춘다. 주요 일간지의 헤드라인을 장식하지는 않지만, 헤어져 너덜거리는 청바지를 꿰매고, 망가진 인라인 스케이트를 손질하고, 축구장 사이드라인 바깥에 서서 응원에 열을 올린다. 노벨상 수상자 명단에서는 볼 수 없지만, 교통지도 봉사자, 급식 담당자, 성경교사 명단에는 항상 들어 있다.

영웅의 공식 명칭은 '부모'이다. 피뿐만 아니라 삶을 공유하는, 이름만이 아니라 시간을 나눠 주는 아버지 어머니가 주인공이다. 어떤 방송국에서도 인터뷰하자고 부르지 않지만, 아무려면 어떤가? 자녀들이 불러 주는 것만으로도 충분히 행복하다. 아이들은 엄마를 입에 달고 살고, 아빠를 부르는 소리가 끊이지 않는다. 바로 그 아빠와 엄마들이 세상의 모든 경제인과 정치가들보다 훨씬 훌륭하고 중요하다. 그들이야말로 말없이 세상을 지탱해 주는 마지막 버팀목이기 때문이다.

그런 부모가 되어야 한다. 아이에게 책을 읽어 주고, 아이들이 원한다면 얼른 나가서 공놀이 상대가 되어 주라. 아들아이가 출전하는 경기를 하나도 빼놓지 않고 다 관전하며, 딸아이가 지은 글을 한 편도 놓치지 않고 다 읽고, 자식들이 출연하는 발표회에 꼬박꼬박 참가하는 걸 목표로 삼으라.

아이들에게 사랑은 곧 시간이다. 질적인 시간뿐만 아니라 양적인 시간도 중요하다. 언제나, 언제라도, 언제까지나 함께해 주어야 한다. 자녀양육은 취미생활이 아니라 소명이다. 배우자는 트로피가 아니라 보물이다.

오늘부터 시작하라

다윗과 같은 대가를 치르지 않도록 조심하라. 이제 몇 장만 지나가면 최후의 순간에 맞닥뜨린다. 가족을 소홀히 했던 한 인간이 결국 어떤 값을 치르는지 알고 싶다면, 영웅의 마지막 가는 길을 지켜보라.

다윗은 이제 임종을 코앞에 두었다. 이부자리를 파고드는 냉기를 무엇으로도 막을 수가 없다. 시종들은 왕의 몸을 덥혀 줄 사람, 마지막

숨을 몰아쉴 때 꼭 안아 줄 인물이 필요하다고 결론지었다.

그래서 자기 아내를 불렀을까? 천부당만부당한 말이다. 자식들에게 부탁했을까? 어림 반 푼어치도 없는 얘기다. "이스라엘 사방 경내에 아리따운 동녀를 구하다가 … 아비삭을 얻어 왕께 데려왔으니 이 동녀는 심히 아리따운 자라 저가 왕을 봉양하며 수종하였으나 왕이 더불어 동침하지 아니하였더라"(왕상 1:3-4).

어쩌면 다윗은 평생 싸워 얻은 온 나라와 아내의 따듯한 품을 맞바꾸고 싶어 했는지도 모른다. 하지만 너무 늦었다. 왕은 낯선 여인의 보살핌을 받으며 숨을 거두었다. 가족들에게 다윗은 남이나 다름없었기 때문이다. 하지만 우리는 아직 늦지 않았다. 배우자를 가장 큰 헌신을 바칠 대상으로 삼으라. 남편을 깊은 열정을 바칠 상대로 확정하라. 결혼반지를 나눠 끼고 있는 이를 사랑하라. 아이들을 소중히 여기라. 세상보다 먼저 가정을 돌보라.

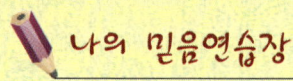 나의 믿음연습장

1. 자신이 가족들을 어떻게 대하는지 생각해 보라. 다윗의 방식과 비슷한 데가 있는가? 어떤 점들인가?

2. 자신의 가정생활에서 내년에는 조금 더 나아져야겠다고 생각하는 부분은 어떤 영역인가?

목표한 대로 발전하는 데 실질적으로 도움이 될 만한 것은 어떤 것들이 있는가?

3. 잠언 25장 28절, 29장 11절, 사도행전 24장 25절을 읽으라. 어떤 점에서 "자기의 마음을 제어하지 아니하는 자는 성읍이 무너지고 성벽이 없는 것"과 같은가?

성경에서는 성질을 다스리지 못하고 분출하는 이들을 무어라고 부르는가?

바울은 의와 장차 다가올 심판이라는 주제와 아울러 절제의 문제를 이야기했다. 이런 내용을 나란히 다룬 까닭이 어디에 있다고 생각하는가?

당신을 위한 다윗의 전략노트

건강하고 건전한 가정생활을 유지하는 비결을 알고 싶은가? 식구들을 대상으로 여론조사를 해보라. 가족을 대하는 방식에 대해 어떻게 생각하는지, 식구들을 이끄는 태도에 불만은 없는지, 집안을 보살피는 데 있어서 어떤 점이 부족한지 한 사람 한 사람을 따로 만나서 물으라. 진지하게 대화하라. 지적받은 문제는 반드시 고치라. 사과가 필요하면 망설이지 말라. 건강한 가정을 꾸리게 해 달라고 주님께 간구하라.

결단하고 실천하라 *Facing Your Giants*

믿음연습 18
인생의 반전을 기대한다

의로운 계획을 추진하려는데, 정작 주님이 가로막고 나서신다면 어떻게
반응하겠는가? 다윗은 '그래도'를 무기 삼아 낙심의 골리앗에 맞섰다.

 "꼭 하려고 했는데…."

노쇠한 다윗은 힘겹게 말을 꺼낸다. 물매를 힘차게 돌리던 손은 이제 말을 듣지 않는다. 언약궤 앞에서 날아갈 듯 춤을 추던 발이 지금은 한 발짝 떼어 놓기조차 어렵다. 눈길은 아직 날카롭지만 머리카락은 서리가 내린 듯 하얗다. 성긴 수염 아래로 언뜻언뜻 드러나는 피부는 탄력을 잃은 지 오래다.

"반드시 해 내려고 했는데…."

수많은 이들이 귀를 쫑긋 세운다. 문무백관들과 모사들, 시종들, 어의들이 줄줄이 늘어섰다. 다들 다윗의 명령을 듣기 위해 모인 것이다. 떠날 시간이 가까워진 임금의 입에서 무슨 말이 나올지 모두들 귀

를 쫑긋 세우고 있다.

"세우려고 했지만…."

그런데 유언 삼아 하는 얘기치고는 시작이 이상하다. 성취해 낸 일들이 아니라 해 내려 했지만 결국 이루지 못한 과업을 언급하는 게 아닌가! "나는 여호와의 언약궤 곧 우리 하나님의 발등상을 봉안할 전 건축할 마음이 있어서 건축할 재료를 준비하였으나"(대상 28:2).

빨간불이 켜지면 즉시 멈추라

성전 이야기였다. 다윗은 무던히도 성전을 짓고 싶어 했다. 이스라엘 백성이 아닌 언약궤를 보호할 집이 필요했다. 그로서는 예루살렘을 건축했으니 성전까지 세운다면 더 바랄 게 없었다. 사실 다윗만큼 잘해 낼 수 있는 인물은 없었을 것이다. '하나님을 경배하는 책'까지 써내지 않았는가? 게다가 언약궤를 되찾아온 게 누구인가? 그러니 성전은 그가 드리는 가장 멋진 찬송이 될 것이었다. 평생 쌓은 모든 업적 가운데 으뜸으로 꼽힐 게 틀림없었다.

하나님의 집을 짓는 데 여생을 바치겠다는 게 다윗의 오랜 소망이었다. 적어도 다윗의 뜻은 그랬다. "내가 마음속에 우리 하나님의 발받침판인 여호와의 언약궤를 둘 집을 지을 생각이었다. 그리하여 나는 성전을 지을 준비를 했다"(대상 28:2, 우리말성경).

그는 설계자를 뽑고, 건설업자를 선발했다. 청사진을 뽑고 구체적인 건축 계획도 세웠다. 시험도면을 만드는 한편, 견적을 냈다. 성전기둥을 스케치하고 계단을 디자인했다.

"나는 … 성전을 지을 준비를 했다."

뜻을 품었고 준비를 했지만 짓지는 못했다. 어째서? 끝에 가서 다윗이 포기했는가? 아니다. 그의 의지는 시종일관 한결같았다. 그럼 백성들이 반대했나? 그럴 가능성은 거의 없다. 필요한 물자들을 너나없이 후하게 내놓았다. 원자재가 모자랐던 걸까? 그것도 아닐 것이다. 다윗은 "또 문짝못과 거멀못에 쓸 철을 한없이 준비하고 또 심히 많아서 중수를 셀 수 없는 놋을 준비하고 또 백향목을 무수히"(대상 22:3-4) 준비했다. 그런데 어찌하여 성전을 짓지 못했단 말인가?

갑자기 끼어든 접속사가 모든 상황을 바꿔 놓았다. 접속사는 문장의 신호등 노릇을 한다. '그리고'가 녹색 불이라면 '그런데'는 노란색 신호이다. 물론 빨간 불 구실을 하는 접속사도 더러 있다. 새빨간 불이 반짝이면 멈춰야 한다. 그리고 마침내 다윗의 눈앞에도 붉은색 신호가 켜졌다.

> 전 건축할 마음이 있어서 건축할 재료를 준비하였으나 오직 하나님이 내게 이르시되 너는 군인이라 피를 흘렸으니 내 이름을 위하여 전을 건축하지 못하리라 하셨느니라 … 네 아들 솔로몬 그가 내 전을 건축하고 내 여러 뜰을 만들리니(대상 28:2-3, 6).

다윗은 사나운 기질 때문에 성전을 건축할 수 있는 특권을 그만 놓치고 말았다. 할 수 있는 일이라곤 아쉬운 마음에 하소연을 해보는 것뿐이다.

"나는 성전을 건축할 마음이 있어서 건축할 재료를 준비하였으나 하나님이…."

비슷한 고백을 했던 이들이 생각난다. 그들 역시 다윗처럼 선한 뜻을 세웠지만 하나님은 다른 계획을 가지고 계셨다.

삼십 대 중반에 이르도록 결혼하지 않은 남성이 있었다. 마음에 맞는 여성이 나타날 때까지 기도하며 기다렸다. 마침내 마땅한 신부 감을 만나 결혼식을 올리고 서부로 이사했다. 목장을 사 들이고 둘이 함께 개척해 갈 새로운 삶을 설계했다. 하지만 채 3년이 지나기도 전에 아내가 교통사고로 목숨을 잃고 말았다.

"나는 마음이 있어서 준비하였으나 하나님이 …."

어느 젊은 부부는 새로 태어날 아기를 위해 방 하나를 아주 예쁘게 꾸며 놓았다. 벽지를 새로 바르고 아기 침대를 들여놓았다. 하지만 무슨 이유에서인지 아기가 엄마 뱃속에서 죽고 말았다.

"나는 마음이 있어서 준비하였으나 하나님이 …."

빌렘(Willem)은 스물다섯 해 동안 굽이굽이 굴곡진 인생을 살아오면서 사역자가 되는 게 하나님의 부르심이라는 결론을 내렸다. 그동안 그림을 팔고, 언어를 가르치고, 책을 거래하면서 밥벌이는 했다. 하지만 어느 순간 먹고 사는 게 전부가 아니라는 깨달음이 왔다. 머릿속에는 온통 교회뿐이었다. 영혼을 돌보는 일에 열정을 불태우고 싶었

다. 그래서 열정을 좇아 벨기에 남부 탄광촌으로 들어갔다. 1879년 봄, 빌렘은 거기 보리나주에서 하루 종일 고되게 노동하는 광부들을 상대로 사역을 시작했다. 그런데 채 몇 주가 지나기도 전에 열정은 시험대에 올랐다. 탄광 사고가 터져서 많은 주민들이 심한 부상을 입은 것이다. 빌렘은 피해자들을 간호하는 한편 굶주린 이들에게 밥을 지어 먹였다. 심지어 석탄 부스러기까지 죄다 긁어 가난한 이들에게 나눠 주었다.

사고 뒤치다꺼리가 끝나고 사망자 장례식까지 마쳤을 즈음에는 주민들의 마음이 활짝 열렸다. 조그만 교회당에는 사랑의 메시지에 굶주린 교인들이 가득 찼다. 청년 빌렘은 평생의 꿈을 이루었다.

하지만 어느 날, 상급자가 찾아왔다가 빌렘이 사는 꼴을 보고는 충격을 받았다. 청년 사역자는 변변한 가구 하나 없는 방에서 지내면서 낡아빠진 군인 외투에다 포대자루를 대충 꿰매서 만든 바지를 입고 있었다. 쥐꼬리만 한 월급을 받으면 가난한 이들에게 모두 나눠 주었다. 상사는 몹시 못마땅해하며 말했다. "소위 목회자라는 친구가 교인들보다 더 불쌍해 보여서야 되겠는가!" 빌렘은 예수님도 똑같이 하셨을 거라고 항변했지만, 감독자는 그런 말에 설득당할 위인이 아니었다. 결국 빌렘은 목회자 자리에서 쫓겨나고 말았다. 빌렘으로서는 속수무책이었다.

빌렘이 원한 건 교회를 세우는 일뿐이었다. 오직 하나님께 영광을 돌리고 싶어 했을 따름이다. 하나님은 도대체 무엇 때문에 앞길을 막으셨던 것일까?

"나는 마음이 있어서 준비하였으나 하나님이 …."

삶 가운데 '그러나 하나님이'라고 고백할 수밖에 없는 순간이 닥친다면 어떻게 하겠는가? 의로운 계획을 추진하려는데, 정작 주님이 가로막고 나서신다면 어떻게 하겠는가?

아내를 잃은 남성은 적절하게 대처하지 못했다. 이 글을 쓰고 있는 지금까지도 분노와 고통의 안개 속에서 헤매고 있다. 젊은 부부는 어려움을 잘 극복했다. 꾸준히 신앙생활을 하면서 자녀 주시기를 간구하고 있다. 그럼, 빌렘은 어떻게 됐을까? 차차 얘기하기로 하고 우선 다윗을 짚고 넘어가자.

긍정으로 낙심의 골리앗에 맞서라

다윗은 하나님이 허락하시지 않겠다는 뜻을 분명히 밝히셨을 때 무어라고 대답했는가?

'그래도'라는 마음가짐으로 '그러나' 처분에 순종했다.

> 그러나 이스라엘 하나님 여호와께서 전에 나를 내 부친의 온 집에서 택하여 영원히 이스라엘 왕이 되게 하셨나니 곧 하나님이 유다 지파를 택하사 머리를 삼으시고 유다의 족속에서 내 부친의 집을 택하시고 내 부친의 아들들 중에서 나를 기뻐하사 온 이스라엘의 왕을 삼으셨느니라(대상 28:4).

요즘 말로 표현하자면 이쯤 되지 않았을까 싶다. "제가 뭐라고 감히 불평하겠습니까? 그래도 하나님은 꼬마를 들어 왕을 만드셨으며, 양떼를 돌보던 목동으로 군대의 우두머리가 되게 하셨고, 들판에서 자던 양치기를 데려다 궁궐에 살게 하셨습니다. 아이스크림을 주셨는데 어떻게 체리가 빠졌다고 불평하겠습니까?"

다윗은 '그래도'를 무기 삼아 낙심의 거인에 맞섰다. 주님을 신뢰하고 의지했다.

빌렘도 그랬다. 처음에는 무척 실망하고 상처도 입었다. 쉽게 떠나지 못하고 사역하던 동네를 맴돌았다. 그러던 어느 날 오후, 석탄을 잔뜩 짊어진 채 허리를 굽히고 걸어가는 늙은 광부를 보았다. 가슴 아픈 장면에 마음을 빼앗긴 청년은 지친 노인을 스케치하기 시작했다. 처음 그림이 마음에 들지 않는지 곧 다시 그렸다.

바로 그 순간, 빌렘은 지금까지 전혀 모르고 있었던 진정한 소명을 찾았다. 성직자의 가운이 아니라 예술가의 작업복을 입기로 한 것이다. 사역자의 강단이 아니라 화가의 이젤 앞에 서기로 한 것이다.

그는 말이 아니라 이미지를 가지고 섬기기로 했다. 상사의 미움을 받고 쫓겨났던 젊은 목회자는 그렇게 해서 온 세상의 찬사를 받는 화가, 빈센트 빌렘 반 고흐로 거듭났다.[주1]

다윗과 고흐에게 '그러나 하나님'은 '그래도 하나님'이 되었다.

이제는 우리 차례다.

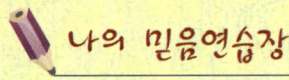 나의 믿음연습장

1. "나는 마음이 있어서 준비하였으나 하나님이…." 오래도록 계획하고 준비했던 일을 하나님이 바꾸신 적이 있는가? 어떤 일이었는가?

   삶 가운데 실망스러운 일에 부닥쳤을 때 하나님을 의지하는 편인가?

2. '그러나 하나님'을 압도할 수 있는 '그래도 하나님'을 생각나는 대로 이야기해 보라.

3. 욥기 42장 2절, 잠언 21장 30절, 예레미야서 29장 11절을 읽으라. 우리를 향한 하나님의 계획을 신뢰할 수 있는 이유는 무엇인가?

인간의 계획 때문에 하나님이 자녀들을 위해 준비해 두신 미래 설계가 흔들리지 않을까 걱정할 필요는 없다. 왜 그런가?

예레미야서 29장 11절에 따르면, 주님은 그리스도인들을 위해 어떤 계획을 마련해 두셨는가?

당신을 위한 다윗의 전략노트

하나님을 기쁘시게 하는 계획을 세우도록 도와주시길 기도하기보다 미리 설계를 마쳐 놓고 그대로 이뤄지게 해 달라고 요청하는 경우가 얼마나 많은지 모른다. 거룩한 뜻 앞에서 자신이 세운 계획을 기꺼이 포기하거나 바꿔 본 적이 있는가? 지금부터라도 그렇게 하라. 이렇게 기도하라.

"하늘에 계신 아버지여, 내가 원하는 대로 가고 싶지 않습니다. 주님이 원하시는 곳에 머물고, 가르쳐 주시는 데로 갈 수 있기를 소망합니다. 하나님을 빼놓고 인생을 설계한 것을 용서해 주시고 주님이 지시하신 방향에서 벗어나지 않도록 도와주세요. 내 삶을 향한 계획을 알려 주시며 꿋꿋이 그 길을 갈 수 있는 용기도 허락해 주시길 기대합니다. 혹시 '그러나 하나님이' 상황에 부닥칠 때마다 즉시 '그래도 하나님이'를 찾기 시작할 수 있도록 도우소서. 예수님의 이름으로 기도합니다. 아멘."

결단하고 실천하라 *Facing Your Giants*

믿음연습 19
골리앗을 향해 물맷돌을 던진다

> 갈등을 창조주의 캔버스로 삼으라.
> 창조주께서 그 위에다 찬란한 명작을 그려 내실 것이다.

누군가 침대 바로 옆자리를 차지하지 못해 안달이 났다. 가장 먼저 귓가에 무어라 속삭이고 싶기 때문이다. 우리가 눈을 뜰 때 무슨 생각을 할지, 어떤 기분으로 자리에서 일어날지 몹시 궁금해한다. 그래서 아침 일찍부터 기다리고 있다가 걱정거리로 잠을 깨운다. 스트레스가 될 만한 일들로 속을 살살 긁어 댄다.

아침에 눈을 뜨면 하루를 어떻게 보낼지 두려움이 엄습하는가? 그럼 좌우를 돌아보라. 아마 침상머리에 거인이 떡 버티고 서 있을 것이다.

여태까지는 시작에 불과하다. 거인은 아침식사를 하는 동안도 찰싹 달라붙어서는 끈덕지게 괴롭힌다. 문을 나설 때도 귓가에 속삭인다. 가는 곳마다 따라다니며 옆구리를 쿡쿡 찌른다. 일정을 일일이 체

크하고, 메일을 하나하나 읽어 보는가 하면 하루 종일 쓰레기 같은 소리를 늘어놓는다. 동네 왈짜들끼리 권투시합을 해도 그렇게까지 심하지는 않을 것이다.

"아무리 생각해 봐도 알 수 없을걸?"

"너는 낙오자 중에서도 꼴찌야!"

"어서 수건을 던져. 싸워 봤자 죽도록 얻어 터지기만 할 거라고."

떠드는 친구의 얼굴을 잘 보라. 바로 그가 거인이고, 골리앗이다. 그 거인은 조금만 빈틈을 보여도 하루를 온통 엘라 골짜기로 만들어 버린다. 조롱하고, 우쭐거리고, 이 산과 저 산이 쩌렁쩌렁 울리도록 고함을 쳐 댄다. 골리앗이 얼마나 끈질기게 못된 짓을 해 댔는지 벌써 잊지는 않았을 것이다. "그 블레셋 사람이 사십 일을 조석으로 나와서 몸을 나타내었더라"(삼상 17:16).

거인은 지금도 온 세상을 두루 돌아다니고 있다. 빚, 재난, 난치병, 위험, 거짓, 질환, 우울증 따위의 초대형 도전들이 여전히 일상을 위협한다. 깊은 잠을 방해하고, 평온한 마음을 휘젓고, 기쁨을 가로챈다. 하지만 우리는 골리앗에 압도당할 이유가 전혀 없다. 맞서 싸우는 방법을 알고 있기 때문이다. 무엇보다 큰 비결은 먼저 하나님께 초점을 맞추는 것이다. 그걸 무기로 골리앗과 당당히 맞서라.

거인에게 초점을 맞추면 ⟶ 실족한다.

하나님께 초점을 맞추면 ⟶ 거인이 나자빠진다.

다윗이 알고 있던 비결을 이제 우리도 안다. 그러므로 다윗이 했던 일을 우리도 할 수 있다. 조약돌 다섯 개를 골라 들고 다섯 가지 결정을 내릴 수 있다. 다윗이 전쟁터에 나가면서 어째서 돌맹이를 다섯 개만 가져갔는지 항상 궁금했다. 두 개를 가져갈 수도 있고, 스무 개를 챙길 수도 있었는데 왜 꼭 다섯 개였을까? 다윗의 이야기를 다시 읽다 보니 다섯 가지 비결이 눈에 들어왔다. 여기 골리앗과 맞설 수 있는 물맷돌 다섯 개가 있다. 다섯 손가락으로 꼽아 가며 머리에 새겨 두길 바란다.

첫 번째 물맷돌 : 승리의 경험 되새기기

골리앗은 어린 목동의 기억을 일깨웠다. 다윗에게 엘라 골짜기는 일종의 데자뷰였다. 다들 떨고 있을 때, 소년은 과거를 떠올렸다. 하나님은 사자와 싸울 힘과 곰을 때려잡을 만큼 강한 팔을 주셨다. 그만하면 거인에게 꿀릴 게 없지 않은가?

> 다윗이 사울에게 고하되 주의 종이 아비의 양을 지킬 때에 사자나 곰이 와서 양떼에서 새끼를 움키면 내가 따라가서 그것을 치고 그 입에서 새끼를 건져내었고 그것이 일어나 나를 해하고자 하면 내가 그 수염을 잡고 그것을 쳐 죽였나이다 주의 종이 사자와 곰도 쳤은즉 사시는 하나님의 군대를 모욕한 이 할례 없는 블레셋 사람이리이까 그가 그 짐승의 하나와 같이 되리이다 (삼상 17:34-36).

좋은 기억은 영웅을 만들고, 나쁜 기억은 겁쟁이를 낳는다.

지난주에 나는 건망증 때문에 비겁한 인간이 됐다. 새벽 네 시에 골리앗이 찾아와서 걱정거리 목록을 들이대며 단잠을 깨웠다. 지금 우리 교회는 청소년회관을 신축하기로 하고 필요한 비용을 모으고 있다. 적잖은 자금이 모였지만 아직 목표액까지는 한참 남았다.

눈을 뜨기가 무섭게 거인이 조롱을 퍼부어 댄다. "다들 미쳤구나? 그렇게 큰돈을 어떻게 모으니?"

일단 무시해 버렸다. 헌데 상대도 호락호락 물러나지 않는다. "경제 상황이 엉망인 건 알지? 너나없이 스트레스를 받고 있다고. 아무리 애써도 벽돌 한 장 값도 내놓지 않을걸?" 골리앗이 워낙 사나운 곰처럼 덤벼드는 통에 나무 위로 도망치고 싶은 생각이 굴뚝같았다.

순간, 다윗이며 낮은 확률에도 불구하고 도전했던 자세며 사자와 곰이며 하는 것들이 생각났다. 그래서 소년 목동의 뒤를 따르기로 했다. 승리의 하나님을 바라보기로 한 것이다. 잠자리를 박차고 일어나 거실로 나왔다. 일기장을 펴 놓고 그동안 때려잡았던 사자와 곰들을 정리해 보았다. 지난 5년 동안 하나님은 이런 역사를 일으키셨다.

- 어느 기업인을 감동시키셔서 땅 수천 제곱미터를 교회에 기부하게 하셨다.
- 그동안 사용하던 낡은 빌딩을 다른 교회가 인수하도록 인도하셨다.

■ 모든 교인들에게 기꺼이 드리고자 하는 마음을 주셔서 교회 부채를 80퍼센트 이상 청산하게 하셨다.

목록을 정리하면서 콧노래가 절로 나왔다. '쿵!' 무언가 쓰러지는 소리가 통쾌하게 들렸다. 다른 데도 아니고 바로 우리 집 거실에 거인이 자빠진 것이다. 눈동자가 흐려지더니 무릎이 꺾인다. 그리곤 얼굴부터 마룻바닥에 처박혔다. 꼴좋다, 이 덩치 큰 괴물아!주1

"그 행하신 기사와 그 이적과 그 입의 판단을 기억할찌어다"(대상 16:12). 하나님이 이루신 역사들을 찾아 정리해 보라. 주님이 세우신 세계신기록 일람표를 만드는 것도 좋은 생각이다. 목록을 작성하다 보면 역경의 파도를 헤쳐 나가는 동안 하나님이 늘 동행하셨다는 게 보일 것이다. 그분은 언제나 그렇게 신실하셨다.

아직도 주님의 예비하심을 잘 모르겠는가? 그렇다면 생각해 보라. 주린 배를 움켜쥐고 자리에 들었던 게 몇 밤이나 되는가? 너무 추워서 잔뜩 웅크린 채 잠에서 깨어난 적이 있었는가?

하나님은 원수들을 쳐서 쓰러뜨리신다. 오늘의 걱정거리는 모래 위에 적고, 어제의 승리는 돌에다 새기라. 승리의 역사라는 물맷돌을 쌈지에 넣으라. 그리고 이번에는 기도의 돌을 골라 들어라.

두 번째 물맷돌 : 시간을 내서 기도하기

다윗에게도 한없이 낮아지기만 하던 시절이 있었다. 높이 치솟기 전에 그는 깊이 내려갔다. 싸우러 올라가기에 앞서 준비를 갖추기 위해 바닥을 뒤지고 다녔다. 당신도 거인과 맞서기 전에 똑같은 절차를 밟아야 한다. 시간을 내서 충분히 기도하라. 사도 바울은 권면한다. "모든 기도와 간구로 하되 무시로 성령 안에서 기도하고 이를 위하여 깨어 구하기를 항상 힘쓰며"(엡 6:18).

다윗이 거둔 성공의 이면에는 기도의 강물이 면면히 흐르고 있다. 브솔 시냇가의 위기를 지혜롭게 빠져나올 수 있었던 건 "하나님 여호와를 힘입고 용기를"(삼상 30:6) 얻은 덕분이었다. 사울의 군사들이 매섭게 추격해 올 때도 다윗은 주님만을 바라보았다. "나는 주의 힘을 노래하며 아침에 주의 인자하심을 높이 부르오리니 주는 나의 산성이시며 나의 환난 날에 피난처심이니이다"(시 59:16).

동굴을 전전하는 피난생활을 하면서 어떻게 생명을 부지하고 있는가? 다윗은 기도했다. "오 하나님이여, 나를 불쌍히 여기소서. 나를 불쌍히 여기소서. 내 영혼이 주를 신뢰하오니 주의 날개 그늘 아래서 이 재난이 지나갈 때까지 피할 것입니다. 내가 지극히 높으신 하나님께, 무엇이든 나를 위해 일하시는 하나님께 울부짖습니다"(시 57:1-2, 우리말성경).

하나님 안에 깊이 침잠했을 때, 다윗은 굳게 설 수 있었다. 반면에 그러지 않았던 경우에는 맥없이 쓰러지고 말았다. 오랫동안 기도한 뒤에 밧세바를 유혹하러 갔을 거라고 생각하는가? 우리아가 죽었다는 소식을 들은 바로 그날 시편을 지었을까? 모르긴 해도 아닐 것이다.

이사야서의 언약을 기억하라. "주께서 심지가 견고한 자를 평강에 평강으로 지키시리니 이는 그가 주를 의뢰함이니이다"(사 26:3). 그냥 평강을 주시겠다는 게 아니라 "평강에 평강으로" 지키겠다 약속하셨다. 순도 100퍼센트짜리 평화, 한 점 흠이 없는 평안, 누구도 방해할 수 없는 평강을 약속하셨다. 어떤 사람에게 약속하셨는가? 하나님을 향한 마음이 언제나 한결같은 이들에게 베푸신다. '가끔씩' 주님을 바라보는가? 이제부터는 시선을 주님께 고정시켜라. 가물에 콩 나듯 생각하는가? 자세를 바꾸어라. **평강은 일편단심 왕의 왕을 사모하는 이들의 몫이다.** 하나님께 도움을 청하라. 기도라는 물맷돌을 쌈지에 넣으라. 그리고 우선순위라는 세 번째 조약돌 챙기는 걸 잊지 마라.

세 번째 물맷돌 : 하나님의 영광을 최우선순위로 두기

중지는 가장 긴 손가락이다. 가운데 손가락을 보면서 하나님의 영광에 가장 높은 우선순위를 두어야 한다는 사실을 머리에 새겨 두자. 다윗은 거룩한 이름을 더럽히지 않으려고 맹렬하게 노력했다. 주님을 모독하는 이는 누구든지 용납하지 않았다. 늘 분명한 명분을 가지고 전쟁에 임했다. "온 땅으로 이스라엘에 하나님이 계신 줄 알게 하겠고 또 여호와의 구원하심이 칼과 창에 있지 아니함을 이 무리로 알게 하리라"(삼상 17:46-47).

다윗은 골리앗과의 한판 승부를 하나님의 영광을 드러낼 절호의 기회로 보았다. 하나님의 영광을 위해 기꺼이 목숨을 내던질 각오가 되어 있었다.

저마다의 거인들을 그런 식으로 바라본다면 어떻게 될까? 거인을 달갑지 않아 하는 게 아니라, 쌍수를 들어 환영하는 것이다. 암은 하나님의 치유력을 드러낼 기회이다. 죄는 거룩한 은혜를 보여 주는 도구이다. 삐걱거리는 결혼생활은 주님의 권능을 선포하는 게시판이다.

갈등을 창조주의 캔버스로 삼으라. 창조주께서 그 위에다 찬란한 명작을 그려 내실 것이다. 하나님의 이름을 널리 공표하라. 그리고 이번에는 손을 내밀어 열정이라는 돌을 집어들어라.

네 번째 물맷돌 : 열정적으로 돌진하기

> 블레셋 사람이 일어나 다윗에게로 마주 가까이 올 때에 다윗이 블레셋 사람에게로 마주 그 항오를 향하여 빨리 달리며 손을 주머니에 넣어 돌을 취하여 물매로 던져 블레셋 사람의 이마를 치매 돌이 그 이마에 박히니 땅에 엎드러지니라(삼상 17:48-49).

다윗은 빨리 달렸다. 멀리부터가 아니라 거인의 코앞에서 뛰기 시작한다. 싸움터 반대편에서는 사울과 겁에 질린 병사들이 침을 꿀떡 삼킨다. 맞은편에서는 골리앗과 무시무시한 거인들이 코웃음을 친다. 다윗이 이기리라고 생각했던 이가 몇이나 될까? 다윗의 형제들도, 다윗의 왕도 믿지 않았다. 하지만 하나님만은 다윗 편이셨다. 주님이 믿어 주셨으므로, 그러실 줄 다윗도 알고 있었으므로 비쩍 마른 '꼬마'는 땅을 힘껏 박차고 일어나 물매를 돌렸다. 그리고 거인을 향해 돌진했다.

다윗처럼 하라. 문제에 집착해 봐야 아무 소용없다. 멀찌감치 떨어져 골리앗을 뚫어지게 쳐다보면서 가슴 털 하나하나까지 다 헤아린들 무슨 도움이 되겠는가? 죄다 쓸데없는 짓일 뿐이다. 상처 목록을 작성해 봐야 치유에는 전혀 보탬이 되지 않는다. 문제를 낱낱이 분석한다 해도 해법은 나오지 않는다. 거절당한 이유를 분류한들 거절당했다는 사실 자체를 바꿀 수는 없는 노릇이다.

주님께 집중하라! 주님께 집중한 덕에 다윗은 골리앗의 이마를 정통으로 맞출 수 있었다. 약지를 볼 때마다 열정의 물맷돌을 생각하라.

다섯 번째 물맷돌 : 돌을 줍고 꾸준히 물매 돌리기

다윗은 돌멩이 하나를 더 챙겨 넣었다. 당장 쓸 데가 있는 건 아니었다. 골리앗의 거인 친척이 모두 넷이라는 건 누구나 아는 사실이었다. 우선 "장대한 자의 아들 중에 삼백 세겔중 되는 놋창을 들고 새 칼을 찬 이스비브놉이"(삼하 21:16) 있었다. 삽이란 인물 역시 "장대한 자의 아들 중에"(삼하 21:18) 하나였다. 마지막으로 라흐미라는 거인인데 성경은 "그 자의 창 자루는 베틀채 같았더라"(삼하 21:19)라고 기록했다. 하지만 이 셋은 골리앗이라는 킹콩에 비해서는 덜 사나웠던 듯싶다.

> 이번에는 가드에서 전쟁이 또 벌어졌습니다 그때는 손가락과 발가락이 여섯 개씩 모두 합쳐 24개를 가진 거인이 있었는데 그 또한 거

인의 후손이었습니다 … 이 네 사람은 가드에 있던 거인의 후손들로 다윗과 그 부하들의 손에 쓰러졌습니다(삼하 21:20, 22, 우리말성경).

어째서 다윗은 다섯 개의 조약돌을 고른 것일까? 골리앗에게 티라노사우루스 공룡만 한 친척 넷이 있다는 걸 알았다. 골리앗을 물리친다 해도 나머지 넷이 일족을 지키기 위해 산 위에서 달려 내려올 수도 있겠다고 판단한 것이다. 다윗은 그럴 때를 대비해서 총알 넷을 더 준비해 두었다.

다윗의 모범을 따르라. 한 번의 기도로는 충분하지 않을 수도 있다. 한 차례 사과로는 문제가 풀리지 않을지 모른다. 처음 결심을 하루, 또는 한 달 동안 잘 지켰다 하더라도 언제 무너질지 알 수 없는 일이다. 한두 방 얻어맞고 나가떨어질 가능성은 여전히 남아 있다. 그러나 설령 그렇다 하더라도 그만두어서는 안 된다. 계속 자갈돌을 주워 담고, 꾸준히 물매를 돌려야 한다.

다윗은 물맷돌 다섯 개를 주워 담았다. 다섯 가지 결단을 내린 것이다. 그 뒤를 따르라. 다윗이 이끈 승리의 역사를 기억하며, 기도에 힘쓰라. 우선순위를 분명히 하고, 열정을 가지고 끈기 있게 나아가라.

또다시 골리앗이 잠을 깨우거든, 돌멩이들을 꽉 움켜잡으라. 골리앗은 물매에 매기기도 전에 허둥지둥 문 밖으로 달아날 것이다.

나의 믿음연습장

1. 지난날을 생각해 보라. 어떤 쓸데없는 걱정거리들에 시간을 빼앗겼는가?

   지난날, 하나님은 어떤 승리들을 안겨 주셨는가? 그리스도인으로 살았던 삶을 되돌아보라. 하나님이 이루신 역사들을 찾아서 정리해 보라. 역경의 파도를 헤쳐 나오는 동안 주님이 늘 함께하셨는가?

2. 다윗에게도 한없이 낮아지기만 하던 시절이 있었다. 높이 치솟기 전에 깊이 내려갔다. 싸우러 올라가기에 앞서 준비를 갖추기 위해 바닥을 뒤지고 다녔다. 골리앗과 맞서기 전에 똑같은 절차를 밟으라. 시간을 내서 충분히 기도하라. 주로 어떤 제목들을 가지고 기도하는 편인가?

기도할 때 어떤 일들이 정신을 산만하게 만드는가?

언제 기도하는 게 가장 좋은가? 어째서 그런가?

3. 삶 전체로(가정생활, 직장생활, 여가생활 등을 모두 포함해서) 주님께 영광을 돌리려면 어떤 부분을 고쳐야 하는가?

4. 어떤 일을 할 때 가장 열정적인가?

하나님께도 그만큼 열정적인가? 설명해 보라.

어떻게 하면 주님을 향한 열정이 더 커질 수 있는가? 어떻게 하나님을 삶의 최정상에 두고 살 수 있는가?

5. 골로새서 3장 23-24절을 읽으라. 누구를 만족시키기 위해 일하는가? 직장 상사인가, 하나님인가? 이 말씀을 기억하는 게 왜 중요한가?

어째서 하나님은 무슨 일을 하든지 마음을 다하는 것을 왜 그토록 중요하게 생각하시는가?

본문의 명령을 좇는 이들에게는 어떤 축복이 약속되어 있는가?

> **당신을 위한 다윗의 전략노트**
>
> 성경역사 전체를 통해서, 그리고 지금까지도 하나님은 무슨 일을 하든지 전심으로 주님의 영광을 좇아 행하는 이들을 찾고 계신다. 삶의 어떤 영역에서 마음을 다하고 있는가? 반면에 전심을 드리지 못하는 삶의 영역이 있는가? 어떤 부분인가? 어떻게 하면 그리스도의 주권 앞에 삶의 모든 영역을 복종시키고 열정적으로 삶의 무대 전체를 누빌 수 있는가? 자신을 점검하고 평가해 보라.

[맺는 글]
믿음이 모든 것을 이긴다

　이야기는 목장에서 시작된다. 털이 복슬복슬한 양떼들이 소년과 어린 시절을 함께했다. 조용한 들판은 아이의 눈을 따라 마음 깊이 새겨졌다. 세상이 그의 메시지에 귀를 기울여 주기 전까지는 짐승들만이 아이의 목소리에 반응했다. 양치기 소년의 음성이 울려 퍼지면 수많은 가축이 몰려들어 앞자리를 다투며 풀을 뜯었다.
　산비탈 한쪽에 깃들인 마을, 베들레헴의 풀밭으로 가 보자. 주민들은 대부분 목자들이다. 무화과, 올리브, 포도나무가 자라나고, 풍족하지는 않지만 짐승들 먹기에 모자라지는 않을 만큼 푸른 초장이 펼쳐져 있다. 세상 사람들은 잘 모르는 동네지만, 하나님은 잘 아시는 곳이다. 그러기에 특별한 뜻을 세우시고 베들레헴을 선택된 아이를 키우는 인큐베이터로 삼으셨다.

그는 하나님이 손수 정하신 선택된 아이였다. 따로 구별하여 기름을 부으셨고, 그 선지자가 소명을 알려 주었다. 마침내 양을 치던 소년은 이스라엘의 왕이 되었다.

하지만 왕좌에 오르기 위해서는 지옥의 표적이 되는 과정을 거쳐야 했다. 도마뱀이 돌아다니는 광야와 험난한 예루살렘, 갈등과 위기를 거쳐야 했다. 나라의 지도자들은 그를 잡아 죽이려고 쫓아다녔다. 그를 따르던 동료들은 돌로 치려 했다. 식구들마저 그를 조롱했다.

왕으로 옹립해 올렸던 이들이 있는가 하면, 왕좌에서 몰아내려고 안간힘을 쓰는 쪽도 적지 않았다. 예루살렘 성문은 왕으로서 위엄 있게 등장하는 장면과 도망자로서 가엾게 빠져나가는 모습을 모두 지켜보았다. 그리고 마침내 히브리의 수도에서 외롭게 눈을 감았다.

하지만 어떤 의미에서 그는 아직 죽지 않았다. 그에 관한 얘기들은 아직도 사람들의 입에 오르내린다. 굴곡이 많았던 인생은 전설이 되었고, 세상은 꾸준히 그를 돌아본다. 그의 생각을 읽고, 그의 행동을 깊이 관찰하고, 그의 얼굴을 그려 본다. 성경에 그의 생김새를 자세히 기록해 두지 않은 까닭에 수많은 조각가와 화가들이 상상으로 만들어 낸 결과물들이 화랑 곳곳에 자리하고 있다. 미켈란젤로, 렘브란트, 다 빈치 같은 대가들도 캔버스에 그를 그리고, 돌로 그의 모습을 다듬어 냈다.

그뿐이 아니다. 책은 좀 많은가? 역사의 주인공들 가운데 베들레헴의 신동만큼 수많은 작품의 주제가 된 인물이 또 있을까 싶다. 얘기를 하자면 끝이 없다. 수천 년 세월이 흐르는 동안 그 발자취를 지워 버리려는 기도가 수없이 이어졌지만, 지금껏 세상은 그의 흔적을 쫓고 있다.

누구 얘긴지 알겠는가?

목자, 기름 부음, 어린 시절에 받은 부르심, 평생 동안 쫓아다닌 적들, 예루살렘, 유대, 외로운 죽음, 끝없는 전설….

다윗일까? 물론이다.

아니 어쩌면 예수님? 아마 그것도 맞을 수 있다.

그럼 둘 다인가?

다음 열두 가지 사실을 살펴보자. 다윗과 예수님은 쌍둥이처럼 닮은 길을 걸었다. 놀랍지 않은가? 그런데 좀 더 깊이 파고들면 우리 각자의 삶과도 무척 비슷하다. 하나하나 짚어 보면서 예수님의 얘기인지, 아니면 우리 자신의 이야기인지 판단해 보라.

어머니에게서 태어났다.

육신의 고통을 잘 알고 있다.

멋진 잔치를 즐긴다.

친구들한테 따돌림을 받았다.

부당하게 고소를 당했다.

이야기하기를 좋아한다.

마지못해 세금을 낸다.

노래를 부른다.

물질적인 교회에 흥미를 잃었다.

외로운 이들을 안타깝게 생각한다.

형제자매들이 반기지 않는다.

소외 계층 편에 선다.

염려가 많아서 한밤중에도 잠을 이루지 못한다.

여행 중에 꾸벅꾸벅 졸기로 유명하다.

소란을 일으킨다는 비난을 받는다.

죽음을 두려워한다.

우리 자신인가?

예수님인가?

아니면 양쪽 모두인가?

아무래도 우리 이야기인 듯하다. 아니, 다윗과도 닮았다. 예수님과도 공통점이 많다. 이 얼마나 대단한 일인가? 예수님은 우리를 잘 아신다. 조그만 마을에 묻혀 사는 익명성이 어떤 것인지, 대도시에서 활동하면서 참아 내야 하는 압박감이 어느 정도인지 아주 정확하게 파악하고 계신다. 양떼들이 뛰노는 초장과 왕의 궁정을 두루 거닐어 보셨다. 굶주림과 슬픔과 죽음을 모두 체험하셨으며, 이제는 우리가 거기에 맞서도록 도우신다.

히브리서 기자는 말한다.

> 우리에게 있는 대제사장은 우리 연약함을 체휼하지 아니하는 자가 아니요 모든 일에 우리와 한결같이 시험을 받은 자로되 죄는 없으시니라 그러므로 우리가 긍휼하심을 받고 때를 따라 돕는 은혜를 얻기 위하여 은혜의 보좌 앞에 담대히 나아갈 것이니라 (히 4:15-16).

예수님은 우리와 함께 하나가 되셨다. 모든 인간을 대속하기 위해 몸소 사람의 옷을 입으셨다.

다윗과 예수님의 이야기에는 베들레헴, 유대, 예루살렘, 감람산, 사해, 엔게디 등 많은 지명들이 공통적으로 등장한다. 그러나 비슷한 구석이 많다고 해서 같은 인물로 생각해서는 안 된다. 예수님은 밧세바 때문에 실족한 적도 없고, 우리아를 살해한 일도 없으며, 부정을 덮으려고 술수를 부리지도 않으셨다. 어느 지역을 약탈한 적도 없고, 적진에 몸을 의탁한 일도 없으며, 아이들에게 무관심하지도 않으셨다. 말할 수 없이 바른 삶을 살았던 베들레헴의 아들은 여러 아내를 두었다든지, 잔인하다든지, 불륜을 저질렀다는 따위의 일로 비난받은 적이 단 한 번도 없으셨다. 주님을 정죄하는 자들이 있기는 했지만, 그들이 말하는 것 가운데 그 어떤 것도 진실이 아니었다.

한두 번이 아니었다. 얼마나 많은 이들이 주님을 고발했는지 모른다. 사탄의 아들이라는 비난을 받으셨을 때는 증거를 요구하셨다. "너희 가운데 누가 내게 죄가 있다고 증명할 수 있느냐? 내가 진리를 말하는데 어째서 나를 믿지 못하느냐?"(요 8:46, 우리말성경).

아무도 입을 열지 못했다. 제자들은 사시장철 그리스도와 같이 움직였다. 원수들은 꼬투리를 잡으려고 혈안이 돼서 따라다녔다. 주님을 동경하는 이들은 그분의 일거수일투족을 연구했다. 하지만 아무도 예수님에게서 죄의 흔적을 찾아내지 못했다.

건전치 못한 지역에서 배회하는 주님을 보았다는 이는 한 사람도 없다. 험한 말을 입에 담으시는 걸 들은 이도 없다. 부적절한 방식으로 대응하시는 걸 본 적도 없다. 3년 동안 예수님과 함께 지낸 베드로는 증언한다. "그분은 죄를 지으신 일도 없고 그 입에는 거짓이 없었으며"(벧전 2:22, 우리말성경).

요즘으로 치자면 중앙정보국 국장쯤 되는 자리에 있었던 빌라도 역시 예수님에게 무슨 흠이 있는지 샅샅이 뒤졌다. 하지만 아무것도 찾지 못했다(요 18:38). 심지어 마귀까지도 그리스도를 "하나님의 거룩한 자"(눅 4:34)라고 불렀다.

예수님은 단 한 번도 거룩함을 놓친 적이 없으시다. 그리고 또 한 가지 놀라운 사실은, 주님은 거룩한 백성들에게서 절대로 멀리 떨어지지 않으신다는 것이다.

마태복음 1장 1절만 봐도 그렇다. 예수님은 다윗이 걸었던 길을 알고 계셨다. 간음 현장을 지켜보셨으며, 살인을 저지르는 모습에 얼굴을 찡그리셨고, 정직하지 못한 태도를 보며 슬퍼하셨다. 하지만 실수했다고 해서 다윗과의 관계를 끊어 버리지는 않으셨다. 마태복음의 첫 구절은 예수님을 '다윗의 자손'이라고 부른다. 어떤 설명이나 부정, 별표도 따로 붙어 있지 않다. 내가 성경 기자였더라면 각주를 붙였을 것이다. "다윗의 행동에 암묵적으로 동의한다는 뜻을 내포한 표현이 절대 아님." 하지만 성경에는 그런 주석이 붙어 있지 않다. 다윗은 죄를 지었고, 주님은 그 사실을 아셨다. 하지만 어떤 식으로도 다윗을 정죄하지 않으셨다.

예수님이 다윗을 대하는 모습을 보면, 어린 시절 아버지가 나와 형을 가르치던 장면이 생각난다. 초등학교에 다니던 시절, 동생은 크리스마스 선물로 BB탄이 발사되는 장난감 총을 받았다. 우리는 당장 뒷마당에다 사격장을 차리고 오후 내내 양궁 표적지에다 총을 쏘아 댔다. 얼마 지나지 않아서 커다란 동그라미를 맞추는 게 싱거워졌다. 우리의 다음 표적은 손거울이 되었다. 총을 거꾸로 어깨에 걸쳐 메고는 거울에다 표적을 그리기 시작했다. 그리곤 특급 사냥꾼이 되기라도 한 것처럼 멋진 자세로 새로운 목표물을 겨냥했다. 총알은 표적을 빗나갔다. 뒤를 막고 있던 창고 벽은 물론이고 곳간 너머에 서 있는 울타리도 맞추지 못했다. 총알이 어디로 날아갔는지 도무지 알 수가 없었다. 행방을 정확히 아는 건 엉뚱하게도 골목 건너편 집 주인이었다. 씩씩거리며 울타리로 다가오더니 혹시 장난감 총 가지고 노는 애들을 못 봤냐고 물었다. 하지만 깨진 대형 유리창 값을 물어주고 싶어 하는 애들이 세상에 어디 있겠는가?

순간적인 기지를 발휘해 나는 동생과의 관계를 부인했다. 성을 바꾸고 캐나다에서 놀러온 친척이라고 했다. 그러나 아버지는 나보다 훨씬 고상한 양반이었다. 어른은 시끄러운 소리를 듣고 뒷마당으로 내려섰다. 모처럼 휴일을 맞아 낮잠을 즐기다가 방금 깨신 듯했다. 그리곤 울타리에 기대 선 이웃집 남자에게 말했다. 다른 건 생각나지 않지만 이 두 마디는 또렷이 기억난다.

"예, 두 녀석 다 제 자식입니다."

"물론이죠. 변상해 드리겠습니다."

그리스도도 그렇게 하신다. 우리가 표적을 놓친 걸 알고 계신다. 실수의 대가를 치를 능력이 없다는 것도 아신다. 그러나 예수님은 값을 치르실 수 있으시다. 그래서 "하나님께서는 이 예수를 속죄제물로 내어주셨습니다"(롬 3:25, 우리말성경).

죄가 없으시기에 가능한 일이다. 그리고 우리를 사랑하시기에 기꺼이 그 짐을 지신다. "사랑은 여기 있으니 우리가 하나님을 사랑한 것이 아니요 오직 하나님이 우리를 사랑하사 우리 죄를 위하여 화목제로 그 아들을 보내셨음이니라"(요1 4:10).

예수님은 인류 전체를 대속하기 위해 몸소 사람의 옷을 입으셨다. "거룩하게 하시는 자와 거룩하게 함을 입은 자들이 다 하나에서 난지라 그러므로 형제라 부르시기를 부끄러워 아니하시고"(히 2:11).

주님은 다윗을 부끄러워하지 않으셨던 것처럼, 우리 또

한 창피하게 여기지 않으신다. 오히려 형제라고, 자매라고 얘기하신다. 문제는 우리가 그분을 구세주로 인정하느냐 하는 것뿐이다.

잠깐 틈을 내서 그분을 구주로 받아들일 것인지 생각해 보자. 어쩌면 지금껏 한 번도 생각해 보지 않은 문제일 수도 있다. 그리스도가 얼마나 당신을 사랑하시는지 전혀 모르고 지냈을 수도 있다. 하지만 이제는 모든 걸 알게 되었다.

예수님은 우리가 초청해 주기를 기다리신다. 한마디만 하라. 그리하면 하나님은 다윗에게, 그리고 수없이 많은 이들에게 행하셨던 일을 똑같이 해 주실 것이다. 우리를 자녀로 삼으시고, 구원하시며, 거룩한 일에 써 주실 것이다. 주님께 무슨 말씀을 드려도 괜찮지만, 이렇게 고백해 보는 것도 좋을 듯싶다.

> 구세주이시며 거인들을 쓰러뜨린 용사이신 예수님,
> 온 마음을 다해 의지합니다.
> 내 삶을 주님께 맡깁니다.
> 자비를 베풀어 주시고,
> 힘과 영원한 생명을 주소서. 아멘.

진심을 담아 말씀 드리라. 그리고 믿으라. 이제, 가장 거대한 골리앗이 쓰러졌다. 죄와 실수는 모두 씻겨 나가고 죽음은 힘을 잃었다. 거룩한 능력이 다윗에게 임했을 때 거인은 소인(小人)이 되었다. 똑같은 일이 우리에게도 일어날 것이다.

이제 당신 인생을 가로막고 선 거인과 당당히 마주서라. 이미 하나님과 만났으므로 걱정할 것은 아무것도 없다.

주

1장 초점과 방향을 확인한다
1. 필자의 의역.
2. 출 9:22-23, 수 6:15-20, 삼 7:10을 보라.
3. 필자의 의역.

3장 진실한 친구와 힘을 합한다
1. 이름과 구체적인 상황은 부분적으로 재구성했다.

4장 영적 에너지를 충전한다
1. Eugene H. Peterson, Leap Over a Wall : Earthy Spirituality for Everyday Christians(San Francisco : HarperSanFrancisco, 1997), 65.

5장 힘들수록 하나님의 품을 파고든다
1. Malachi Martin, King of Kings(New York : Simon and Shuster, 1980), 206.
2. "Reinstated," Favorite Stories from Bob Russell, vol. 5, CD-ROM (Louisville, KY : Living Word, Inc., 2005).

6장 용서하고 전진한다
1. http://www.oklahomacitynationalmemorial.org/media
2. M. Norville Young with Mary Hollingsworth, Living Lights, Shining Stars

: Ten Secrets to Becoming the Light of the World(West Monroe, LA : Howard Publishing, 1997). 39.

7장 마음의 분노를 해독한다

1. Ernest Gordon, To End All Wars : A True Story about the Will to Survive and the Courage to Forgive(Grand Rapids : Zondervan, 2002), 105-6, 101.
2. Hans Wilhelm Hertzberg, I and II Samuel, trans. J. S. Bowden(Philadelphia : Westminster Press, 1964), 199-200.
3. Gordon, To End All Wars, 101-2.

8장 1퍼센트 더 노력한다

1. Associated Press, "450 Sheep Jump to their Deaths in Turkey," July 8, 2005.
2. C. J. Mahaney, "Loving the Church," Covenant Live Church(Gaithersburg, MD, n.d.)의 메시지 테이프에서, Randy Alcorn, Heaven(Wheaton, IL : Tyndale House, 2004), xxxii에서 인용.

9장 감사함으로 쉼을 누린다

1. Peterson, Leap Over a Wall, 112.

10장 아픔은 확실하게 치유한다

1. C. S. Lewis, A Grief Observed(San Francisco : HarperSanFrancisco, 1961), 24.

2. F. B. Meyer, Abraham, Charles R. Swindoll, The Tale of the Tardy Oxcart : And 1,501 Other Stories(Nashville : Word Publishing, 1998), 254.

3. Ann Kaiser Stearns, Living Through Personal Crisis(New York : Ballantine Books, 1984), 6.

4. Thomas P. Davidson, I Called Him Rooks, He Called Me Dad : A Collection of Thoughts About a Father's Faith, Love, and Grief After Losing His Son(개인출판), 36-37.

11장 작은 일도 구한다

1. George Arthur Butterick, ed., The Interprter's Dictionary of the Bible : An Illustrated Encyclopedia, (Nashville : Abingdon, 1962), s.v. "Urim and Thummim." Merrill C. Tenney, gen. ed., Pictorial Bible Dictionary(Nashville : Southwestern Company, 1975), s.v. "Urim and Thummim."

2. F. B. Meyer. David : Shepherd, Psalmist, King(Frot Washington, PA : Christian Literature Crusade, 1977), 101-2.

13장 모든 상황에서 예배를 택한다

1. 어떤 학자들은 사무엘하 6장 3절에 등장하는 "아비나답의 아들 웃사와 아효"라는 표현을 "아비나답의 자손"으로 폭넓게 해석해야 한다고 주장한다(Earl D. Radmacher, gen. ed., Nelson's New Illustrated Bible Commentary [Nashville : Thomas Nelson Inc., 1999]). 사무엘상 7장 1절에서는 엘르아살을 아비나답의 아들이라 부르고 있음을 참고할 것.

14장 사랑은 성실하게 표현한다

1. Fred Lowery, Covenant Marriage : Staying Together for Life(West Monroe, LA : Howard Publishing, 2002), 44.
2. Lowery, Covenant Marriage, 45.

16장 회개의 타이밍을 놓치지 않는다

1. San Antonio Express News, "Does Texan have a prayer of trading Domain name?" April 23, 2005.

18장 인생의 반전을 기대한다

1. Paul Aurandt, Paul Harvey's the Rest of the Story, ed. and comp. Lynne Harvy(New York : Bantam Books, 1978), 107-9.

19장 골리앗을 향해 물맷돌을 던진다

1. 헌금은 목표치를 훌쩍 뛰어넘었다.